RONALDO JOSÉ DE SOUSA

A Porta Estreita

*Instruções para iniciantes
e perseverantes na vida cristã*

EDITORA
SANTUÁRIO

Dados Internacionais de Catalogação na Publicação (CIP)
de acordo com ISBD

S725p Sousa, Ronaldo José de

A porta estreita: instruções para iniciantes e perseverantes na vida cristã/ Ronaldo José de Sousa. – Aparecida: Editora Santuário, 2022.
192 p.; 14cm x 21cm.

Inclui índice.
ISBN: 978-65-5527-212-3

1. Religião. 2. Cristianismo. 3. Vida cristã. I. Título.

2022-1731 CDD 240
CDU 24

Elaborado por Vagner Rodolfo da Silva - CRB-8/9410

Índice para catálogo sistemático:
1. Religião : Cristianismo 240
2. Religião : Cristianismo 24

1ª impressão

Rua Pe. Claro Monteiro, 342 – 12570-000 – Aparecida-SP
Tel.: 12 3104-2000 – Televendas: 0800 016 00 04
www.editorasantuario.com.br
vendas@editorasantuario.com.br

Para Ianua Celi, *minha* porta do céu.

SIGLAS

AM – Bíblia Ave Maria
BJ – Bíblia de Jerusalém
CFL – Exortação Apostólica Christifideles Laici
CIC – Catecismo da Igreja Católica
CompDSI – Compêndio da Doutrina Social da Igreja
GE – Exortação Apostólica Gaudete et Exsultate
GS – Constituição Pastoral Gaudium et Spes
LG – Constituição Dogmática Lumen Gentium
RH – Carta Encíclica Redemptor Hominis
RVM – Carta Apostólica Rosarium Virginis Mariae
TEB – Bíblia Tradução Ecumênica

Sumário

Introdução

Este livro é – por assim dizer – útil e funcional. Algumas pessoas me alertaram para a necessidade de se ter um texto que condensasse os mais importantes princípios e ensinamentos da fé cristã, texto este que seria recomendado aos adeptos iniciantes do cristianismo católico. No começo, achei que eu não seria a pessoa certa para escrever um livro assim. Há autores com mais habilidade catequética que poderiam dedicar-se a essa empreitada. Quanto a mim, sempre fui mais atraído pelos temas de vanguarda.

A sugestão, entretanto, não me saiu da cabeça, embora relutasse porque não me parecia um assunto empolgante. Até o momento em que me veio à mente um *itinerário*. Itinerários me entusiasmam, notadamente aqueles que têm raiz bíblica. Mediante esse *insight*, concluí que a carência sentida pelos que me chamaram a atenção – naturalmente como resultado de sua ação evangelizadora – talvez não seja de um "catecismo", mas de um percurso que ajude os neoconvertidos a se imbuírem do "espírito" do Evangelho.

Meu escopo aqui, portanto, é oferecer um trajeto de conteúdos articulados entre si, que promovam essa inserção no modo de vida pregado por Jesus. Para atingir tal objetivo, coloco no centro uma asserção de Nosso Senhor em tom imperativo: "Entrai pela porta estreita" (Mt 7,13a). Acho que ela resume a atitude básica do convertido. No entorno, utilizo passagens da Sagrada Escritura que aludem ao simbolismo da porta com o intuito de ensinar os valores do Reino. Posso prever que alguns sentirão falta deste ou daquele assunto, ou de que algum tivesse sido mais ressaltado. Quanto a isso, advirto que os temas escolhidos não esgotam a fé cristã. Sua eleição não deixa de ser arbitrária e ela coube a mim. Quanto ao aprofundamento e às correções, cabem aos evangelizadores, catequistas e, sobretudo, aos leitores.

Este livro é destinado, antes, aos cristãos iniciantes. Todavia estou convicto de que os "perseverantes", ou seja, aqueles cristãos que caminham na fé há mais tempo, também encontrarão aqui considerações e motivos de crescimento, seja por meio de novo contato com o querigma ou por meio de algum tema comumente olvidado nesse tipo de manual, como seria o caso da doutrina social da Igreja. Para ambos – iniciantes e perseverantes – ou ainda para os relutantes, desistentes e desertores, as páginas são como portas que se abrem para o conhecimento. Em cada uma delas, talvez, experimentem a gradativa sensação de estreitamento, o que é precisamente minha intenção, pois o contrário seria um indício de perdição (cf. Mt 7,13b).

Agradeço de coração aos que me alertaram para a existência dessa demanda e, também, por me terem feito escrever um livro com temas que interessam a um público muito amplo. Rezo para que esse público não fique apenas no limiar de sua fé, mas adentre, ainda que com esforço, pela porta estreita que, uma vez atravessada, conduz à amplitude da eternidade.

Advento de 2020

I

Eu pus diante de ti uma porta

O amor de Deus

"Ao anjo da Igreja de Filadélfia, escreve: 'Eis o que diz o Santo e o Verdadeiro, Aquele que tem a chave de Davi (...): Conheço tuas obras. Eu pus diante de ti uma porta aberta, que ninguém pode fechar'." (Ap 3,7-8)

1. Uma porta aberta

Pode parecer incomum epigrafar um capítulo a respeito do amor de Deus com um excerto retirado do Apocalipse, um livro normalmente associado ao fim do mundo e, algumas vezes, a catástrofes. Entretanto a introdução procede, e o leitor logo saberá o porquê. O Apocalipse foi dirigido "às Sete Igrejas da Ásia", e este número – biblicamente falando – evoca a plenitude, o que nos faz pensar que o autor visava não somente a algumas comunidades particulares e sim a toda a Igreja (TEB, p. 2423). O livro constitui, portanto, uma carta, cujo objetivo é comunicar coisas essenciais a todos os cristãos: aos iniciantes e aos perseverantes. O Apocalipse trata de valores eternos sobre os quais se pode apoiar a fé dos crentes de todos os tempos (BJ, p. 2299). É, além disso, uma *revelação*. E o que há de mais fundamental a ser revelado do que o amor impressionante de Deus pela humanidade?

O texto anterior é integrante da carta à Igreja de Filadélfia, ou mais especificamente a seu "anjo" (dirigente da comunidade). Nele, a mensagem central é precedida de um enunciado, cuja intenção é ressaltar a dignidade de quem fala: "Eis o que diz o Santo, o Verdadeiro, aquele que tem a chave de Davi". Em outras palavras: quem fala não é qualquer um, e sim o consagrado do Pai, o Único, aquele que se distingue entre todos (cf. Ct 5,10). Em sua boca não pode haver mentira, pois Ele é "o Verdadeiro"; a suas palavras pode se dar absoluta credibilidade.

Essa distinção é importantíssima. Nos dias atuais, a exacerbada polifonia parece confundir todos, causando a impressão de que as múltiplas falas são igualmente dignas, credíveis e aceitáveis. As gerações passadas estavam mais isentas dessa confusão, pois eram educadas a reagir de diferentes formas, a depender da condição do sujeito que lhe dirigia a palavra. Por exemplo, minha mãe, quando falava comigo, exigia máximo respeito, não raras vezes, advertindo-me de que ela não era um de meus amigos, a quem eu poderia tratar paritariamente.

Por isso, antes de adentrar no conteúdo da mensagem, lembremo-nos de refletir sobre quem a comunica. Essa é a intenção do enunciado: alertar para a autoridade do emissor, expressa na simbologia da "chave de Davi", objeto ícone do poder absoluto que o Rei Messias exerce na casa de Israel (AM, p. 1559). Significa que vamos ouvir a voz daquele que recebeu plenos poderes e cujo julgamento é sem apelação (TEB, p. 2430).

Além disso, o falante, de quem o vidente apocalíptico é apenas um porta-voz, é alguém que entende a respeito do que discorre: "Conheço tuas obras", afirma com convicção. Não é um ignorante, nem opina sem propriedade. Normalmente, quando se discute determinado assunto, dá-se mais atenção às asserções dos especialistas naquele assunto. É o caso aqui. Deus é perito em humanidade, pois criou o homem e a mulher, tornando-se também igual a eles pela Encarnação. Escutemos com atenção sua Palavra.

Eu pus diante de ti uma porta aberta – é a mensagem central desse texto do Apocalipse. Nas Sagradas Escrituras, a palavra "porta" é bastante usada em sentido metafórico, quase sempre para significar algo que está diante da pessoa, como uma oportunidade ou mesmo um desafio. A porta serve para oferecer passagem e, quando fechada, fornece segurança.

Ora, o que poderia ser mais oportuno para o homem, vindo da parte de Deus, do que seu amor? O amor de Deus é uma porta porque obsequia ao homem a grande chance de encontrar-se consigo mesmo, descobrindo sua dignidade de filho e dando sentido a sua existência. Outrossim, ele oferece a segurança de ser salvo e, ao mesmo tempo, constitui um desafio para a pessoa amada: o desafio de corresponder a esse amor.

Sim, Deus ama! Esse amor permite uma passagem crucial: da morte para a vida, da escravidão para a liberdade, da orfandade para a filiação divina. "Aos que creem em seu nome ele deu o poder de se tornarem filhos de Deus" (Jo 1,12). Essa porta *está aberta*, pois, desde que o Verbo se encarnou e morreu por nós, todas as pessoas podem acessar a intimidade de Deus.

Indubitavelmente, o primeiro fundamento da vida cristã é este: conhecer o amor de Deus. E conhecer em sentido bíblico, ou seja, experimentando concretamente, sentindo, aceitando, envolvendo-se, inebriando-se nele. Biblicamente falando, o conhecimento não se resume a uma apreensão intelectiva, mas equivale a estabelecer uma relação pessoal. Experimentar o amor de Deus é, por conseguinte, encontrar-se pessoalmente com Ele.

Certa ocasião, eu estava em uma cidade ministrando umas palestras. Todos os dias, eu retornava para a casa, onde me hospedaram, apenas por volta das onze da noite, hora em que meus anfitriões iniciavam o preparo do jantar. Em um dos dias, um deles me perguntou se eu conhecia "bolo de pão". Diante de minha resposta negativa, a pessoa começou a me dizer como se preparava esse tal bolo, elencando os ingredientes e descrevendo seu aspecto. Foi um pouco torturante, pois estava com muita fome. Até que lhe perguntei se havia ali algum pedaço pronto. E havia! Devo dizer que compreendi muito melhor comendo do que escutando aquela descrição, por mais precisa e bem-intencionada que fosse.

Analogamente, muitas pessoas, inclusive batizados, encontram-se nessa condição, ou seja, sem experimentar o amor de Deus de forma concreta, visível, palpável (cf. 1Jo 1,1-3). Um conhecimento que não esteja essencialmente, nem mesmo primariamente, enraizado na atividade mental, mas antes, embutido na sensibilidade, de modo que possa abranger qualidades, tais como, contato, intimidade, preocupação, parentesco e reciprocidade (SARNA, 2003).

Assim tipificada, a experiência com o amor de Deus é capaz de produzir um relacionamento novo e vital entre Deus e a pessoa que o experimenta, caracterizado por fidelidade e enraizado na confiança e constante consideração. Não se trata apenas de uma emoção, conquanto possa incluí-la, mas de um encontro que envolve todo o indivíduo, cuja autenticidade se mede, prioritariamente, pelas repercussões concretas causadas em forma de mudança pessoal.

Eu nasci e me criei em uma cidade pequena do nordeste brasileiro, tornando-me um jovem cheio de carências, afetivas principalmente. Mas eu tinha razões para isso. Hoje em dia, encontro pessoas que sofrem desproporcionalmente as intempéries que, de fato, enfrentam. Por motivos fúteis querem se suicidar. Eu teria pretextos para me revoltar com a vida: último filho de uma família de onze, pobre e feio. Quando nasci, deixaram-me no berçário do hospital e deram outro bebê a minha mãe. Nem sequer tiveram a caridade de me entregar à mãe do outro. Fiquei ali durante dois dias e só escapei da troca porque minha irmã, que trabalhava no hospital como auxiliar de enfermagem, percebeu o equívoco e consertou tudo.

Com dois anos de idade, sofri uma queimadura nas brasas acesas de um resto de fogueira. Aos sete anos, fui atropelado por um caminhão. Fiquei cinquenta e dois dias internado em um hospital público; meu pai teve de fazer malabarismos para garantir meu tratamento (SOUSA, 2005). Cresci tendo de conviver com a pobreza, o preconceito e a desconfiança (ilusória) de que as pessoas que me faziam o bem, no fundo, não me amavam. A ausência de paz interior me fazia buscar fora de mim – nas festas, nas pessoas ou em algum tipo de destaque – algo que me desse a sensação de que poderia ser feliz.

Estava com dezesseis anos de idade quando soube que um estudo bíblico seria promovido por um grupo de jovens de minha cidade, na casa de uma amiga, bem próximo de onde eu morava. Não lembro por que razão, naquela noite de sábado, eu não estava em algum lugar em busca de preencher meu vazio interior; o fato é que fui ao evento. Um pequeno número de jovens, liderado por uma menina de quinze anos de idade, ocupava a sala da casa.

O quadro leva a refletir sobre o modo como Deus se utiliza de pessoas, aparentemente sem condições, para transmitir sua mensagem. E, além disso, que nunca se deve negar nada ao Senhor: a casa, o tempo ou um bem qualquer. Ninguém perde por ofertar a Deus, pois "qualquer um que tiver dado nem que seja um copo de água fria a um destes pequenos, por ser meu discípulo, em verdade vos digo que de modo algum perderá sua recompensa" (Mt 10,42). Aquelas pessoas dispuseram do que era delas – *a casa e a coragem* –, e Deus utilizou isso para falar comigo.

Durante a reunião, uma palavra bíblica me incomodou: "Bem-aventurados os que são perseguidos por causa da justiça, porque deles é o Reino dos Céus" (Mt 5,10). Quis saber o significado daquela asserção. Na verdade, queria dar uma conotação política à expressão "perseguido por causa da justiça", pois em minha juventude compartilhava de ideais marxistas.

Indaguei a dirigente do grupo, que me respondeu com um: "Pergunte a Deus". Eu já tinha lido a Bíblia algumas vezes e, além disso, conhecia as grandes histórias do Antigo Testamento. Não duvidava de que Deus havia falado com Abraão, Moisés, Elias ou outro profeta qualquer, mas a mim Ele nunca havia dirigido a palavra. A proposição daquela moça me causou estranheza, razão pela qual lhe perguntei como isso seria possível. Ela me sugeriu um jejum "a pão e água" durante um dia inteiro e disse que eu deveria, no cair da tarde, entrar em meu quarto com a Bíblia e perguntar a Deus sobre o significado da passagem que me incomodara.

Eu nunca tinha jejuado, nem na Semana Santa, mas segui seu conselho. Quando entrei em meu quarto, durante aquela tentativa de rezar, Deus falou comigo! Eu tive uma imagem interior (talvez resultante da fome, mas isso pouco importa). Devo esclarecer que não foi uma visão, mas algo intuitivo e nem um pouco espetacular; tudo muito simples. Senti o Senhor se dirigindo a mim, pronunciando meu nome e uma sentença: "Eu amo você". Ele não explicou o significado do texto bíblico de Mateus, mas isso eu viria a entender posteriormente, como consequência de meu ministério e de minha vocação. Naquele momento, havia algo mais eminente para revelar. Saí dali diferente, pois fiz uma descoberta espetacular, provei o amor de Deus, conhecendo-o em sentido bíblico.

No encontro com Deus, o indivíduo experimenta seu amor totalizante, para além de uma captação racional. Ele percebe que esse amor é pessoal, ou seja, dirige-se a ele enquanto tal e não à criatura humana de modo genérico. Isso põe fim àquela sensação de ser *um na multidão*, conferindo a percepção a respeito da própria unicidade. Deus não ama "a todos", mas a cada um em particular. Deus *me* ama e *me* conhece pelo nome. Como está escrito no livro do profeta Isaías: "Não temas, porque eu te resgatei; chamei-te pelo nome: tu és meu" (43,1b). E ainda: "Eu te gravei na palma de minha mão" (49,16b).

O amor de Deus é também gratuito e incondicional, ou seja, não se baseia em nossos pecados, nem depende de que sejamos bons. É claro que a experiência de ser amado conduz a pessoa a querer responder com bondade a esse amor que lhe é destinado. Falaremos sobre isso mais adiante, quando discorrermos sobre a conversão. Porém Deus não comunica seu amor como recompensa por nossos méritos; Ele simplesmente ama, como o amor de um pai ou de uma mãe, que subsiste mesmo quando o filho age incorretamente.

> Iahweh é compaixão e piedade. Nunca nos trata conforme nossos erros, nem nos devolve segundo nossas culpas. Como um pai é compassivo com seus filhos, Iahweh é compassivo com aqueles que o temem (Sl 103,8a.10.13).

> Por acaso uma mulher se esquecerá de sua criancinha de peito? Não se compadecerá ela do filho de seu ventre? Ainda que as mulheres se esquecessem, eu não me esqueceria de ti (Is 49,15).

Atualmente, como em todas as épocas, as pessoas têm necessidade de serem amadas. E, para que isso aconteça, muitas vezes, elas procuram aparentar aquilo que não são para poderem ser mais aceitas. E, muitas vezes, só são consideradas desse modo. Mas com Deus é diferente: não precisamos esconder nossos defeitos para que sejamos notados por Ele. Diferentemente do amor que outrem possa nos dedicar, o amor de Deus não está condicionado a nada: nem a nossas qualidades nem a nossos defeitos. Dessa compreensão resulta certo constrangimento, pois constatamos a gratuidade do amor de Deus. Mesmo sem atrativos, fomos tornados objetos de seu olhar amoroso.

A cada pessoa Deus quer se revelar como um Deus apaixonado. Detalhe importante: uma paixão que não resulta de afetos desordenados ou de uma visão equivocada a nosso respeito, e sim de sua soberania absoluta, conhecimento perfeito e vontade livre. Muita gente pensa que se aproximar de Deus implica cumprir uma série de preceitos pesados, o que redundaria no cerceamento da liberdade individual. Isso é um engano! Encontrar-se pessoalmente com Nosso Senhor significa, antes de tudo, experimentar o quanto somos amados. A capacidade curadora e libertadora desse encontro é tremenda. Realmente, uma porta se abre!

2. Os céus se abriram, e Ele viu e ouviu

O batismo de Jesus no rio Jordão é o episódio bíblico que, a meu ver, melhor demonstra o teor da experiência com o amor de Deus. Isso porque:

> Logo que foi batizado, Jesus saiu da água. Eis que os céus se abriram, e Ele viu o Espírito de Deus descer como uma pomba e pairar sobre ele, e eis que uma voz vinda dos céus dizia: "Este é meu filho bem-amado, aquele que me aprouve escolher" (Mt 3,16-17).

Obviamente, Jesus não tinha necessidade de fazer tal experiência, mas quis fazê-la para demonstrar a importância que é para uma pessoa "ver os céus abertos" e ouvir a voz do Pai, demonstrando-lhe amor (cf. Mt 3,13-17). Sem pecado, o Senhor se solidarizou com os pecadores, colocando-se no lugar destes.

Quando Jesus saiu da água, "os céus se abriram" (v. 16), expressão que significa não só a união entre a terra e o céu, como também uma revelação celeste. Notemos que se trata *de uma porta* que se abre. Essa abertura tem a nítida intenção de que seja comunicado algo, que vem "do alto" e diz respeito à pessoa que está sendo batizada. Alguns manuscritos bíblicos acrescentam que os céus se abriram "para ele", indicando que a experiência é pessoal e não comunitária, conquanto outras pessoas pudessem estar no local. Já foram propostos vários significados simbólicos para essa manifestação do Espírito Santo em forma de pomba. Porém uma das mais plausíveis é que ela sugere o amor de Deus sendo derramado e evocando, com isso, a nova criação, que se concretiza no batismo (TEB, p. 1860).

O Espírito de Deus pairou sobre Jesus do mesmo modo como pairou sobre a terra informe na primeira criação. Jesus ouviu uma voz que dizia: "Este é meu Filho bem-amado, aquele que me aprouve escolher". Em português, pelo menos, o pronome "este" indica proximidade. Parece que a asserção quer demonstrar que Deus não é distante e inacessível, exatamente o que constatamos quando fazemos a experiência do encontro pessoal com o Senhor. Os depoimentos de muitas pessoas ressaltam esse aspecto, pois a crença de que Deus existe nem sempre proporciona o sentido de sua presença. Ao encontrá-lo, aquele outrora distante se torna próximo.

A voz revela algo essencial, sendo importante atentar para seu teor. Muitas pessoas leem essa passagem da Sagrada Escritura e a interpretam como se o Pai estivesse fazendo apenas uma declaração de amor a seu Filho. Isso reduz o significado da palavra bíblica, traduzindo uma visão romântica acerca da Revelação Cristã. "Este é meu Filho bem-amado" não é uma mensagem poética, e sim *a proclamação de uma identidade*. É como se o Pai estivesse revelando o "ser" de Jesus, indicando o que ele é essencialmente: filho amado.

Isso também ocorre em nossa experiência de Deus, ou seja, no encontro pessoal que fazemos com Jesus. É-nos revelada uma identidade, pela mesma palavra criadora do Pai. Uma vez proclamada, essa identidade não pode ser revogada por ninguém; é também nesse sentido que se diz: "pus diante de ti uma porta *que ninguém pode fechar*". Portanto a pessoa que conhece o amor de Deus faz mais do que uma experiência emocionalmente envolvente, faz uma descoberta identitária fundamental, mediante a qual se reconhece filha e não escrava de suas carências, fraquezas ou de seus pecados.

Após esse encontro, geralmente, a mudança de vida é radical porque o que foi alterado não foi simplesmente uma área periférica do ser – como seria o caso de quem vivenciou uma emoção boa –, mas a consciência a respeito da condição ontológica da pessoa. Agora, ela se vê e se sente amada, constatando o que foi dito pelo profeta Isaías: "Eis meu servo que eu apoio, meu eleito, ao qual minha alma quer bem" (Is 42,21).

"Eis" ou "este" são expressões que denotam o testemunho divino. Na experiência de Deus, não é o indivíduo que chega à conclusão de que é amado por meio de uma meditação comum. Muita gente afirma ser amada por Deus apenas como fruto dessa crença em algo que aprendeu em sua catequese ou por causa de uma graça recebida. No encontro pessoal com Jesus, é Deus mesmo que testemunha, que empenha sua palavra, assume sua paternidade sem medo, ainda que conheça o pecado de quem Ele está adotando filialmente. Que coisa espetacular!

A expressão "que me aprouve escolher" é um atestado de que o responsável por esse amor derramado é Deus. Desse modo, Ele esclarece o motivo pelo qual somos amados: porque Ele quis! Não há outra razão. Além disso, revela uma característica misteriosa e impactante do amor de Deus: a unicidade, a escolha de alguém em particular. É como se todo o seu amor se dirigisse a um único objeto, no caso, à pessoa amada. Colocar o beneplácito em alguém não significa aqui simplesmente uma complacência genérica, mas uma verdadeira escolha.

Tudo isso é percebido pelo indivíduo que faz a experiência com o amor de Deus, ainda que no momento não saiba traduzir e, quiçá, nem sinta muita coisa. A ação é misteriosa, mas muito concreta. Deus comunica seu amor apaixonado, como se Nele residisse uma força *erótica* capaz de impeli-lo na direção do sujeito amado (BENTO XVI, 2007). Apreendido com cada vez mais intensidade, esse amor preenche os vazios existenciais e cura as feridas resultantes da ausência de outros amores.

Com efeito, parece que todas as nossas buscas se originam na carência de amor, no desejo natural de ser pessoa única *para alguém*, escolhida entre as demais. O encontro com Deus preenche essa insuficiência de amor, pois *vemos* uma porta se abrir e *ouvimos* sua doce voz proclamando nossa identidade. E isso, às vezes, por vias muito singelas. Para se comunicar comigo, Deus usou uma menina de quinze anos, simples, frágil, perseguida e linda, com a qual me casei e a quem sigo até hoje como marido e como discípulo. Mas já vi Deus se comunicar com muitas outras pessoas, por vias diferentes e, às vezes, complexas, sendo sempre a mesma porta que se abre: a de seu grande e infinito amor.

3. Se Deus nos ama, por que sofremos?

Uma questão que é posta frequentemente, quando se discorre sobre o amor de Deus, é a do sofrimento humano. A pergunta, que inquieta a muitos, é esta: "Se Deus nos ama, por que sofremos?" Um amor tão intenso e apaixonado parece não combinar muito com o fato de Deus permitir tantas dores, sendo Ele, além disso, onipotente e – pelo menos em princípio – capaz de evitá-las.

A dúvida também é reforçada pelo discurso religioso comum, mais especificamente pela separação radical que alguns pregadores fazem entre o amor e o sofrimento, algo que se exprime nas preleções, na catequese, nas ações litúrgicas e nas canções. No Brasil há uma música religiosa muito popular que diz: "Deus é amor e não te deixará sofrer". Curioso é que mais adiante ela afirma: "E ainda se vier noites traiçoeiras; se a cruz pesada for, Cristo estará contigo". Ora, se Deus não vai permitir que eu sofra, de que "noites traiçoeiras" ou "cruz pesada" essa canção está falando? O paradoxo poético reflete a contradição de fundo de nossa mentalidade.

Outro exemplo desse equívoco discursivo religioso é quando alguém afirma que nós nos aproximamos de Deus "pelo amor ou pela dor". Não é difícil entender o que a pessoa está querendo dizer: que a conversão pode se dar pela livre iniciativa (amor) ou pela busca de auxílio em um momento de sofrimento (dor). Porém essa maneira de formular induz as pessoas a separarem duas coisas que, na vida de Jesus e de seus discípulos, chegam a se confundir.

Como explicar e esclarecer essa questão do sofrimento humano à luz do amor de Deus? Queiramos ou não, as experiências da maldade, das injustiças e da morte podem abalar a fé e tornar-se uma tentação para os cristãos, que fariam uma interpretação da realidade na qual Deus seria ausente e incapaz de impedir o mal (CIC, 164.272).

Primeiramente, é preciso ser justo. Se prestarmos bem atenção, veremos que a maior parte dos sofrimentos de cada pessoa decorre de suas próprias escolhas ou das escolhas daqueles com os quais tem relação direta. Assim é que – sendo bem concreto – um jovem pode experimentar muita dor ao longo de sua vida como resultado de seu envolvimento com drogas, mesmo tendo uma família estruturada e recebido o alerta de seus pais quando estava sendo iniciado no vício. Outro exemplo seria o caso de uma mulher que padece em consequência da violência sexual que sofreu na infância por parte do irmão mais velho ou do tio, sendo responsável por sua dor, neste caso, um parente próximo.

Indubitavelmente, a maioria dos males e dos sofrimentos poderia ser evitada, se os seres humanos fizessem escolhas certas, baseadas no amor. Nesse sentido, é o egoísmo e não Deus a causa de tantos males no mundo. Deus – por sua vez – é aquele Pai que não cessa de aconselhar os filhos, alertando-os para os perigos de suas atitudes, enquanto estes não lhe dão ouvidos. Não se pode culpar os progenitores pela desobediência e teimosia da prole, a menos que esta aja inadvertidamente. Conforme afirma Ducay (2022, s/p): "Sofremos quando experimentamos essa ausência do que é bem. Naturalmente, a culpa, nossa ou dos outros, sempre produz dano".

Há ainda os sofrimentos que provêm das escolhas erradas daqueles com os quais temos relações *indiretas*. Refiro-me principalmente às consequências nefastas dos atos de quem exerce autoridade ou função em benefício da coletividade, como seria o caso do infortúnio de um povo por causa de um governo corrupto ou despótico; ou ainda: a má qualidade do ensino por causa da incompetência dos educadores, um prejuízo de saúde oriundo da negligência dos funcionários de um hospital, e assim por diante. Esses e outros exemplos demonstram que Deus não é culpado pela maioria de nossas dores, e sim nós mesmos.

Atribuir a Deus a causa de todo sofrimento, apenas porque Ele teria o poder de evitar, é uma postura que decorre, em última análise, de uma visão simplista e cômoda da realidade. Ora, Deus não criou um mundo ao qual só Ele tem acesso, prescindindo da ação humana. Podemos afirmar, inclusive, que o Senhor fez todas as coisas com certa imperfeição, para que os homens as completassem por meio de atos bons e criativos (DUCAY, 2022). Ao outorgar inteligência e liberdade ao ser humano, Deus lhe concedeu igualmente a possibilidade de agir no mundo, a exemplo Dele mesmo. Lamentável é que essas prerrogativas sejam usadas a serviço do mal e da insanidade. Não custa recordar que a maldade de cada pessoa será punida, ainda que seja somente no dia do juízo particular.

Está claro, portanto, que não podemos imputar a Deus o sofrimento humano. Se Deus interferisse na liberdade das pessoas, deixando-as sujeitas a fazer somente o que Ele quisesse, isso seria uma incoerência e uma contradição. A onipotência divina não é arbitrária, afirma o Catecismo da Igreja Católica (n. 271). Isso significa que o poder do Senhor não está a serviço de um comportamento despótico de sua parte, mediante o qual os homens seriam simples marionetes em suas mãos.

Obviamente, alguns acontecimentos ruins são fatalidades, não necessariamente culpa ou negligência de alguém. Os acidentes, algumas doenças (principalmente as congênitas) e as catástrofes naturais seriam exemplos disso, conquanto muitas dessas coisas possam ser previstas e evitadas, mediante controle, uso da tecnologia e medidas cautelares. De qualquer modo, erros e acasos acontecem e eles podem trazer sofrimentos. Somente aqui caberia a pergunta: "Por que Deus não evita que isso ocorra?"

Existe um "sofrimento natural" que resulta da condição humana de pecado. Não é difícil perceber que a dor e o infortúnio fazem parte da vida, sendo uma pretensão querer isentar-se completamente disso. O sofrimento é inseparável da existência terrena do homem (JOÃO PAULO II, 1984). É provável que Deus intervenha e nos livre de várias dessas desventuras, porém o enfrentamento de algumas nos permite perceber o limite desta vida, a caducidade de todos os seres e a incompletude do cosmos. E também nos leva a desejar a libertação plena e definitiva, a participação na gloriosa e novíssima liberdade dos filhos de Deus (cf. Rm 8,21-22).

Em última análise, o mal e o sofrimento são frutos do pecado original, pois, ao ser criado, caso permanecesse na intimidade com o Criador, o homem não teria experimentado a amargura e a morte (CIC, 375.379). Entretanto Deus só permite o sofrimento para conduzir a um bem maior, sendo Ele poderoso o suficiente para fazer isso. Por isso:

> As desventuras, os acontecimentos dolorosos não devem suscitar em nós curiosidade ou busca de presumíveis culpados, mas devem representar ocasiões para refletir, para vencer a ilusão de po-

> der viver sem Deus e para fortalecer, com a ajuda do Senhor, o compromisso de mudar de vida (BENTO XVI, 2010, s/p).

A despeito de tudo o que se disse aqui, o sofrimento continua sendo um enigma. Ele suscita compaixão, inspira respeito e, a seu modo, intimida porque, efetivamente, nele está contida a grandeza de um mistério específico. Conforme também adverte Ducay (2022, s/p):

> Assim como não podemos abarcar a infinita bondade de Deus, também não podemos sondar completamente seus projetos. Por essa razão, muitas vezes, a melhor atitude em relação ao mal e à dor é o abandono confiado em Deus, que sempre "sabe mais" e "pode mais". (...) Portanto, embora a Divina Providência conte com uma medida de mal na vida de cada um, esse mal, em último termo, revela-se um serviço para o bem do homem.

É fato ainda que Jesus deu sentido ao sofrimento, quando entregou sua vida e por nós foi conduzido à morte "como um cordeiro ao matadouro" (cf. Is 53,7). Jesus ensinou que, se temos de sofrer, façamo-lo com dignidade e nobreza, sempre em vista do bem. O sofrimento proveniente de escolhas erradas e do egoísmo serve para muito pouco. Todavia aquele que provém do amor ensina, fortalece e dignifica o homem. Bem-aventuradas as pessoas que sofrem, porque se esquecem de si para favorecer os outros.

Suportadas com humildade e resignação – conquanto não com passividade – e unidas ao sofrimento de Cristo, nossas dores podem se tornar redentoras, se testemunharem para os homens a força do Ressuscitado. Conforme está escrito: "Trazemos sempre em nosso corpo os traços da morte de Jesus, para que também a vida de Jesus se manifeste em nosso corpo" (2Cor 4,10).

Quem aprendeu muito bem isso foi São Paulo, a respeito de quem Deus disse a Ananias: "Este homem é um instrumento por mim escolhido para dar testemunho de meu nome (...). Eu mesmo lhe mostrarei quanto precisará sofrer por meu Nome" (At 9,15-16). Com efeito, Paulo foi açoitado cinco vezes, flagelado três e apedrejado uma; além disso, passou por naufrágios e tempestades, viagens a pé, perigos diversos, inclusive da parte de falsos irmãos (cf. 2Cor 11,24-26). E ainda por "fadigas e sofrimento, vigílias frequentes; fome e sede; jejum, muitas vezes; frio e indigência" (2Cor 11,27). Ele nos ensinou que, mesmo "premidos de todos os lados, nós não somos esmagados; mesmo com impasses, conseguimos passar; perseguidos, mas não alcançados; prostrados por terra, mas não liquidados" (2Cor 4,8-9).

E é por isso que não desfalecemos, pois, ainda que exteriormente sejamos desconjuntados, nosso interior renova-se, enquanto aguarda o dia em que Deus aniquilará todo sofrimento (cf. 2Cor 4,16); a ocasião em que Ele dará sua cartada final, seu "golpe de Senhor". Aí constataremos que nossa presente tribulação, momentânea e ligeira, não tem proporção alguma com a glória futura que nos será revelada (cf. 2Cor 4,17; Rm 8,18). E, se ainda houver resquícios de trauma, Deus mesmo enxugará toda lágrima de nossos olhos (cf. Ap 21,4).

O SINAL DA CRUZ

O sinal da cruz é composto de palavras e gestos. Ele é utilizado pelos cristãos, principalmente no início das orações, para invocar a Santíssima Trindade e, ao mesmo tempo, recordar o símbolo maior do cristianismo, que é a cruz. Dizem-se as palavras: "Em nome do Pai e do Filho e do Espírito Santo", traçando uma cruz sobre si próprio, da testa até o peito e de um ombro a outro. A versão ampliada inclui anteriormente: "Pelo sinal da Santa Cruz, livrai-nos Deus, Nosso Senhor, dos nossos inimigos", com uma cruz sendo traçada três vezes (na testa, na boca e no peito).

II

Espreitando-te à porta

O pecado

"Se praticares o bem, sem dúvida alguma, poderás reabilitar-te. Mas, se procederes mal, o pecado estará a tua porta; espreitando-te; mas tu deverás dominá-lo." (Gn 4,7)

1. O pecado consiste em não crer em mim

Algo a respeito do que a sociedade contemporânea está se convencendo é de que o pecado não é mais uma realidade. Provavelmente, isso seja apenas uma mudança cultural, sem que haja grupos determinados promovendo esse convencimento (como pensam algumas pessoas). De qualquer modo, há gravidade nisso. Interpretações equivocadas acerca do que seja a misericórdia de Deus levam a crer que o pecado pertence à esfera do puritanismo exacerbado ou da mentalidade de pessoas excessivamente escrupulosas.

O termo "pecado" tem causado ojeriza não por seu conteúdo, mas pelo que ele parece significar: quem o utilizar assumiria uma postura de julgamento e condenação de outrem, em oposição ao amor de Deus. Até as pessoas religiosas preferem trocá-lo por "erro" ou "falta". No limite, a palavra "pecado" só é bem aceita se aplicada em sentido positivo, como algo prazeroso, conquanto proibido. Destarte, fala-se de uma coisa gostosa como se tivesse "sabor de pecado". Já ouvi uma pessoa dizer que tudo que é proibido é atraente, o que para mim não é verdade. Assim como não é verdade que pecado seja a mesma coisa que "erro", pois uma pessoa pode errar várias vezes sem necessariamente estar pecando.

A mudança de linguagem exprime o que está ocorrendo contemporaneamente: a perda da noção de pecado. A teologia tradicional chama isso de "consciência cauterizada". Enquanto em uma sociedade, em que predominam os valores cristãos, a consciência moral tende a ser educada e esclarecida, em uma cultura paganizada ela já quase não percebe a iliceidade de suas faltas (CIC, n. 1783). A tendência normal de um cristão é atingir o estágio maduro, capaz de discernimento, de juízos prudentes, que são o lastro indispensável para o exercício da responsabilidade. Todavia o contexto social pode promover a cauterização da consciência, o que representa um estágio evoluído de frouxidão e de embotamento moral, provocado pelo hábito inveterado de pecar (BETTENCOURT, s/d1; AGOSTINI, 2010).

Mesmo nesse contexto, a Igreja Católica insiste em afirmar que o pecado existe, é um mal e não deve ter outra denominação. O sinônimo menos danoso ao conceito seria "falta" (CIC, n. 1849), mas, mesmo assim, a meu ver, essa designação pode diminuir o peso moral dos atos na consciência, aliviando-a e causando a impressão de que o pecado, eventualmente cometido, é mais brando do que realmente pode ser. "Falta" a gente comete até jogando futebol. Outro dia não pude ir ao jogo com os amigos, e eles me disseram que eu ia "fazer falta". Eu disse que faria a mesma coisa se eu fosse. Notemos a ambiguidade e a multiplicidade do termo.

A palavra "pecado" exprime melhor o conteúdo do que realmente significam os pensamentos, as palavras, os atos e as omissões concupiscentes. Ela designa algo ruim, cometido contra Deus e contra o próximo. Retirá-la de nosso vocabulário significaria, certamente, mais um passo nessa tentativa absurda de eliminar o sentimento de culpa das pessoas, sem que elas evitem pecar; absurda porque se emancipar da imputabilidade sem renunciar ao pecado é como ter uma doença sem sintomas: mesmo que não se perceba, ela permanece ali e pode matar. É como sofrer de disenteria e ser tratado com calmantes.

Um cristão iniciante ou perseverante deve encarar o pecado como uma realidade, tendo a convicção de que ele se opõe à santidade de vida e ao projeto de Jesus. Quem o qualifica é Deus, por meio da Igreja; não depende do que seja pecado "para mim" ou "para você". A opinião pessoal não altera a objetividade dos atos pecaminosos; por isso em vez de aderir a esse relativismo daninho, devemos buscar uma boa catequese a respeito. Caso contrário, enquadrar-nos-emos na sentença de Jesus: "Pois, se a luz que há em ti são trevas, quão grandes serão as trevas" (Mt 6,23b). Em outras palavras: se o que achamos que é certo é errado, imagine a nocividade daquilo que consideramos errado.

Biblicamente falando, o pecado significa a perda da relação com Deus (cf. Gn 3,23-24). Ele consiste em "não crer em mim" (cf. Jo 16,9), ou seja, em desacreditar daquilo que Jesus revelou a respeito do que se deve praticar ou se privar. O homem pecador, normalmente, quer decidir ele mesmo o que o realiza e o faz feliz, abstendo-se de aderir à vontade de Deus e de conhecê-la. Assim, ele desacredita de seu Criador e atualiza, em cada vez que se opõe à lei divina, aquela primeira desobediência cometida no paraíso original.

O pecado é sempre uma falta de amor para com Deus e para com o próximo; uma palavra, um ato ou um desejo contrário à lei eterna (CIC, n. 1849). Pode ser também uma omissão (CIC, n. 1853). A variedade dos pecados é grande, e as Sagradas Escrituras fornecem várias listas, a exemplo das que estão em Gl 5,19-21 e Mt 15,19-20. Essas listas incluem coisas, como: fornicação, impureza, libertinagem, idolatria, feitiçaria, rixas, ciúmes, discussões, discórdia, divisões, invejas, bebedeiras, orgias, assassínios, adultérios, roubos, falsos testemunhos e difamação (CIC, 1852-1853).

Distinguem-se os pecados, segundo sua gravidade, em mortais e veniais. Aqueles que destroem a caridade no coração do homem, pois constituem uma infração grave à lei de Deus. Estes deixam subsistir a caridade, tratando-se de faltas mais leves. Para que um pecado seja mortal, requerem-se três condições *simultâneas*: a) que a infração seja em matéria grave, ou seja, contra um dos dez mandamentos; b) que a pessoa tenha conhecimento de que aquele ato é pecado; c) que a pessoa tenha cometido o pecado voluntariamente (CIC, n. 1854-1859).

A repetição dos mesmos atos pecaminosos gera vícios, ou seja, inclinações perversas que obscurecem a consciência e corrompem a avaliação concreta a respeito do bem e do mal. Assim é que o pecado tende a reproduzir-se e a reforçar-se (CIC, n. 1865).

Temos também uma parcela de responsabilidade pelos pecados cometidos por outros, quando com eles cooperamos, seja participando, mandando, aconselhando, louvando ou, simplesmente, aprovando esses pecados, ou ainda não os revelando ou não os impedindo, quando a isso somos obrigados (CIC, n. 1868).

O pecado deve ser sempre evitado, pois ele é a maior prisão do homem. Se alguém julga que necessita de algum tipo de libertação, seja de um problema, de um desequilíbrio ou de uma enfermidade, deve saber: muito mais, precisa ser livre do pecado. De nada adiantaria emancipar-se de todas as doenças e ser escravo das próprias concupiscências, pois a pessoa teria grandes chances de ir para o inferno mesmo saudável, externamente perfeita, "engomadinha", esbelta e com as taxas de glicose e colesterol todas equilibradas.

Nossa ventura é que, pela obra do Espírito Santo, somos convencidos a respeito do pecado (cf. Jo 16,8). É Deus mesmo que ilumina nossa inteligência, fazendo-nos enxergar e reconhecer nossa condição de pecadores e nos movendo à confissão. Enquanto permanecermos com o juízo embotado, com o endurecimento do coração que impede o arrependimento e com a vergonha de confessar, teremos como que a mão de Deus pesando sobre nós (cf. Sl 31,4). Mas, se confessarmos ao Senhor nossas iniquidades, comprovaremos como é feliz aquele cuja ofensa é absolvida, cujo pecado é coberto (cf. Sl 31,1.5b).

2. Eu reconheço minha iniquidade

Um dos exemplos bíblicos que melhor evidenciam a realidade do pecado é o episódio em que Davi cometeu adultério com Betsabeia, mulher de Urias, um dedicado soldado do exército israelense, homem absolutamente fiel a seu soldo. Essa história encontra-se narrada, com muita riqueza de detalhes, em 2Sm 11,1-12,15. Para compreender melhor a exposição a seguir, recomendo ao leitor que, antes de continuar, consulte a passagem bíblica inteira.

Davi era um homem ungido e abençoado por Deus. Sua trajetória de vida foi uma das mais bem-sucedidas entre os personagens veterotestamentários, pois se tornou rei com mérito, sendo o governante que deu ordem, unidade e prosperidade ao Estado de Israel. Porém, por certo tempo, ele se entregou à preguiça. Sim, à preguiça, pois "na época em que os reis costumavam fazer a guerra", Davi enviou Joab, mas ficou em Jerusalém (cf. 11,1). Fazendo o quê? Parece que nada, porque "em uma tarde, Davi, levantando-se da cama, pôs a passear no terraço" (11,2). A narração leva a pensar que o rei dormiu até tarde e, depois de acordar, permaneceu ocioso.

A preguiça é um estado de ócio, vulgarmente conhecida como vadiagem ou indolência. O preguiçoso é aquela pessoa que evita esforço, manifestando particular indisposição para a vida espiritual. Ele foge dos ideais porque tem medo do sacrifício, optando sempre por aquilo que é mais fácil, independentemente de sua eficácia. Indolente é aquele que faz apenas o mínimo imprescindível ou que se acomoda quando acha que já fez muito (FAUS, 2015; VOST, 2019). O primeiro pecado de Davi foi a preguiça, o que pode ter tornado sua mente dispersa e incapaz de discernimento.

É muito comum que a ociosidade atice a luxúria. Quando não se tem o que fazer, começa-se a pensar besteira; e a principal delas costuma ter a ver com sexo. Note-se que, ao observar Betsabeia, Davi já estava com o coração tomado pela cupidez, pois a mulher não devia estar muito perto, mas ele a observava de tal modo que a desejou ardentemente. O voyeurismo de Davi superou até a distância. Lembrando que não havia binóculo naquele tempo.

Quando estamos ociosos e, ainda por cima, com a mente tomada pela luxúria, temos a situação favorável para nos envolver com pornografia ou coisas do gênero. A melhor atitude é ocupar-se com as próprias obrigações. No momento em que se sentiu atraído por Betsabeia – que, além de bonita (cf. 11,2b), devia ser muito grande para atrair daquela distância –, em vez de se arrumar e ir fazer o que ele devia estar fazendo – lutando no campo de batalha –, Davi empenhou-se em procurar saber quem era aquela mulher. Aqui aparece outro pecado: a curiosidade invasiva.

Deus sempre nos oferece a possibilidade de não ir adiante nos atos pecaminosos. Quando uma espécie de pecado é cometida, o pecador deve arrepender-se e parar por aí. A consciência reta alerta para a iniquidade maior do que está por vir, mas, às vezes, não escutamos nossa própria razão. Avisaram a Davi que Betsabeia era casada (cf. 11,3), mas ele pareceu não ter se intimidado com a informação, tamanha era sua obsessão por aquela mulher. O fato de estarmos obcecados diminui nossa capacidade de mensurar a gravidade das consequências de nossos atos maus.

Abusando de sua autoridade de rei, Davi mandou buscar a mulher, deitou-se com ela e ela ficou grávida (cf. 11,4-5). É bom esclarecer que Betsabeia não tem culpa alguma no adultério, pois sua condição social não permitia que ela se recusasse ao rei. Quando descobriu a besteira que havia feito, em vez de admitir e tentar corrigir da melhor forma ainda possível, o rei de Israel, ao contrário, quis sair ileso da culpa, ativando – por assim dizer – outro vício capital: o orgulho. Note-se que há uma sequência de pecados. Nós nos acostumamos a ver nesse episódio apenas o adultério, o que, na verdade, é uma visão reducionista da trama. O adultério não é o único – e diria: nem o mais grave – pecado que Davi cometeu. Veremos isso mais adiante.

O orgulho é uma das coisas mais próximas da imbecilidade, porque conduz a pessoa a tentar corrigir um erro com outro erro. Conforme já enunciamos aqui, o remédio para o pecado é o arrependimento e a confissão, nunca o escondimento com o intuito de não manchar a imagem. Certamente, Davi deve ter pensado no quanto seu ato poderia desqualificá-lo diante do povo, comprometendo sua fama de rei "segundo o coração de Deus" (cf. At 13,22). Hoje em dia, as pessoas continuam agindo dessa forma – tentando corrigir um erro com outro – quando, por exemplo, em uma circunstância semelhante, optam pelo aborto. Felizmente, ainda não era comum naquele tempo o cerceamento da vida do nascituro.

Porém Davi tratou de gerar uma estratégia para não ser imputado: mandou buscar o marido de Betsabeia no campo de batalha (cf. 11,6). É bom lembrar que não era fácil fazer isso naquela época, devido à limitação dos meios de comunicação e transporte. Não era só questão de mandar um whatsApp ou de fazer uma ligação telefônica, depois embarcar em um voo comercial qualquer. Mas Davi não mediu esforços para trazer Urias. A intenção é clara: fazer com que este tivesse relações sexuais com sua esposa, para que pensasse ser seu o filho que ela havia concebido (cf. 11,8).

O plano não deu certo porque Urias era um homem reto e se recusou a deitar-se com sua mulher, porque isso implicava uma impureza ritual inapropriada para a guerra (cf. 1Sm 21,6). Ora, a guerra enaltecia o nome do rei. Urias, portanto, estava sendo resignado por causa de Davi, enquanto este o traía descaradamente. A gravidade dos pecados de Davi é realçada pelo fato de Urias ser um estrangeiro, ou seja, teoricamente era menos obrigado ao cumprimento da lei.

Urias tinha tanta pureza de intenção, era um homem tão bom que chegava a ser ingênuo. Não desconfiou de nada do fato de ter sido chamado inesperadamente e ter sido interrogado pelo rei acerca da guerra. Sim, porque, se fosse eu, teria desconfiado. Teria pensado: "Esse rei mandou me chamar por intermédio de Joab e a primeira coisa que me pergunta é notícia dele. E ainda me faz perguntas sobre o exército e a guerra, coisa que deveria perguntar a seu general. Aí tem coisa!" (cf. 11,7). Davi fez perguntas e logo mandou o hiteu para casa, enviando-lhe na sequência um presente (cf. 11,8). Para completar, no terceiro dia, convidou-o para comer a sua mesa (cf. 11,13). Seria de suspeitar. No dizer de um ditado popular: quando a esmola é grande, o cego desconfia.

Davi estava fazendo besteira e ainda subestimando a inteligência de seu soldado, atitude muito comum em quem faz bobagem. Urias podia não ser uma pessoa muito perspicaz, mas sua fidelidade e honestidade o fizeram permanecer firme em suas convicções, mesmo embriagado (cf. 11,13). Davi podia ter visto nisso a providência divina e mudado de procedimento. Mas insistiu em sua obsessão orgulhosa e não se deu conta de que, já a esta altura, estava acumulando pecado sobre pecado.

O pior ainda estaria por vir. Frustradas as tentativas de contornar a situação fazendo Urias crer que o filho de Betsabeia era seu e não do rei, Davi tomou uma medida mais drástica: providenciou que Urias voltasse à guerra e o colocou em situação de morte certa (cf. 11,15). Ora, isso é um assassinato! Percebamos a sequência de pecados de Davi: preguiça, luxúria, curiosidade invasiva, adultério, orgulho, mentira, homicídio. O último foi o mais grave de todos, principalmente por causa de suas consequências: vários outros soldados morreram (gente que não tinha nada a ver com a questão), por causa da obstinação tola do rei (cf. 11,17b).

Além de estar com a consciência obscurecida pelo orgulho, Davi havia perdido o senso do ridículo: mandou a carta em que condenava Urias à morte pelas mãos do próprio Urias (cf. 11,14). Essa perda de bom senso é um "algo a mais" no pecado, tornando-o excessivamente bizarro e indignante. Isso também acontece hoje em dia, quando, por exemplo, uma pessoa comete adultério com o cônjuge da própria filha ou do próprio filho, qualificando a matéria que já é grave.

Para ter bom êxito no assassinato de Urias, Davi envolveu outras pessoas. Contou com a cumplicidade de Joab, que havia cometido um erro de estratégia na guerra e sabia que poderia sofrer punição por isso (cf. 11,19-20). Aplacou a ira do rei noticiando o falecimento do hiteu (cf. 11,21). Meu Deus, quanta maldade! Davi tinha finalmente conseguido o que almejava, mas – conclui o autor bíblico – seu procedimento *desagradou a Deus* (cf. 11,27c).

O pecado desagrada a Deus, pois se ergue contra seu amor por nós e desvia dele nosso coração. Trata-se de uma desobediência com ares de revolta, uma exaltação orgulhosa de si, um "amor de si mesmo até o desprezo de Deus" (CIC, 1850). Em casos como o de Davi, ele é completamente imputado à responsabilidade pessoal, pois o rei não se preocupou suficientemente com a procura da verdade e do bem, e a consciência pouco a pouco, pelo hábito do pecado, tornou-se obstinada (CIC, 1791).

Não é fácil para o homem, a este ponto ferido pelo pecado, manter o equilíbrio moral e refletir adequadamente sobre seus atos. Felizmente existem os profetas para nos fazer retornar à consciência e nos conduzir ao arrependimento. A Davi Deus enviou Natã. O profeta propôs uma parábola ao rei, pois, diante de um entendimento obscurecido, é preciso apresentar uma argumentação irrefutável. Natã agiu com sabedoria ao contar um episódio fictício. Disse ele:

> Havia dois homens em uma cidade, um rico e outro pobre. O rico tinha ovelhas e bois em quantidade. O pobre nada possuía senão uma ovelhinha, só uma, bem pequena, que ele comprara. (...) Era para ele como uma filha. Um hóspede chegou à casa do rico. Ele não teve a piedade de tomar de suas ovelhas ou bois para preparar uma refeição ao viajante que chegara em sua casa. Ele tomou a ovelhinha do pobre e a preparou para o homem que o visitava (12,1b-4).

Davi ficou indignado, subterfúgio muito comum nos pecadores: acentuar os pecados alheios. No fragor de sua ira (é fácil irar-se contra os defeitos dos outros), o rei deu sentença de morte (cf. 12,5). Não esperava que Natã o fizesse cair em si: "És tu esse homem" (12,7a). O profeta foi direto e certeiro: "Por que então desprezaste a Palavra do Senhor e fizeste o que lhe desagrada?" (12,9a). Oxalá Deus faça o mesmo conosco, para que possamos ser salvos e retornemos a Ele.

Davi reconheceu o pecado, diante do que o Senhor prontamente lhe perdoou (cf. 12,13). Parece que Deus está sempre na expectativa de nosso arrependimento, para que Ele possa manifestar sua misericórdia e salvação em nossa vida. Alguns sustentam que foi nessa ocasião que Davi compôs o Salmo 50, no qual afirma: "Eu reconheço minha iniquidade, diante de mim está sempre meu pecado" (v. 5). E ainda: "Meu sacrifício, ó Senhor, é um espírito contrito; um coração arrependido e humilhado, ó Deus, não haveis de desprezar" (v. 19).

Assim como examinamos esse texto sagrado e descobrimos os diversos pecados de Davi, examinemos igualmente nossa consciência. Não nos deixemos envolver pela mentalidade cultural que nos exime da culpa sem nos eximir do pecado. Tenhamos cuidado para que nossa consciência não seja cauterizada, a ponto de vivermos desagradando a Deus ao mesmo tempo em que nos consideramos corretos. O pecado nos separa de Deus, como fez com Davi.

A boa notícia é que Deus sempre perdoa ao homem pecador, que assim se reconhece e pede perdão. Por isso é necessário pensar que nós somos "uma multidão de perdoados" (GE, 82). E que Deus criará em nós um coração puro, renovará o espírito de firmeza e nos restituirá a alegria de sermos salvos, sustentando-nos – ainda – com uma vontade generosa (cf. Sl 50,12.14).

3. O exame de consciência

Um exercício religioso cristão bastante comum e piedoso é o exame de consciência. Trata-se de revisar os pensamentos tidos, as palavras ditas, os atos praticados e as omissões, averiguando quais deles estão contrários à lei moral. A intenção deve ser a de arrepender-se dos pecados cometidos e adquirir nova disposição para a conversão e a santidade. O exame de consciência não é uma autoanálise perfeccionista com possível resultado depressivo, mas um entrar em si mesmo com honestidade, sob o olhar daquele que nos ama e nos conhece profundamente (CENCINI, 1998).

Recomenda-se o exame de consciência imediatamente antes de cada vez que a pessoa se aproximar da confissão sacramental. Preferencialmente, que seja feito em atitude de silêncio e de oração, pois se trata de uma preparação para receber o perdão de Deus. Conquanto mais simples e rápido, o exame de consciência pode ser feito, ainda, no ato penitencial da Missa e no final de cada dia.

Há diversos itinerários para se fazer um exame de consciência. O mais comum deles é seguir os *Dez Mandamentos*, fazendo perguntas a si próprio sobre o cumprimento ou não de cada um deles. Por exemplo:

Amar a Deus sobre todas as coisas

- Amo a Deus acima de tudo, dando-lhe a prioridade de minha vida?
- Alimento e guardo minha fé, rejeitando tudo o que se lhe opõe?

- Tenho sido ingrato com Deus, recusando pagar amor com amor?
- Tenho dado crédito a outros deuses e a superstições?
- Deixei de rezar sem razão grave?
- Deixei de cumprir votos e promessas feitas a Deus?

Não tomar seu santo nome em vão

- Usei inconvenientemente o nome de Deus, de Jesus Cristo, da Virgem Maria ou dos santos?
- Proferi contra Deus – interior ou exteriormente – palavras de ódio, de ofensa ou de desafio?
- Usei o nome de Deus de forma mágica?
- Jurei falsamente utilizando o nome de Deus?

E assim por diante.

Para se aproveitar bem dessa prática, faz-se necessário, tanto quanto possível, o conhecimento da doutrina dos dez mandamentos, que se encontra no Catecismo da Igreja Católica de 2052 a 2550.

Outra base útil é aquela que recorda os sete pecados capitais. Com a mesma disposição interior para se arrepender, a pessoa deve avaliar até que ponto esses pecados de raiz influenciaram suas ações no dia a dia. Por exemplo:[1]

a) *Soberba, orgulho:* desprezar as pessoas, tratá-las com desdém; querer tudo dominar.

[1] Cf.UM GUIA útil para seu exame de consciência e confissão. Disponível em *www.aleteia.org*. Consulta em 25 de fevereiro de 2021.

b) *Avareza:* pensar somente em ganhar dinheiro e acumular fortuna, sem nada gastar com os pobres ou para fins de piedade e caridade.

c) *Luxúria:* procurar prazeres ilícitos que lhe mancham a alma e roubam-lhe a inocência.

d) *Ira:* agir pelo impulso da raiva, deixar-se levar pelo ímpeto da cólera.

e) *Gula:* exceder-se na comida ou bebida; embriagar-se.

f) *Inveja:* não querer que outros estejam bem; entristecer-se com o bem-estar do próximo, empregar meios para impedir, diminuir ou destruir a felicidade de outrem.

g) *Preguiça:* perder o tempo em ociosidade; não cumprir, por indolência, as obrigações do trabalho ou da religião.

Na Quaresma de 2015, o papa Francisco deu aos fiéis presentes na Praça de São Pedro um pequeno livro intitulado *Guarde o coração*, no qual sugere alguns recursos para o caminho de conversão, entre eles um exame de consciência composto de uma série de questões, que constitui outro itinerário interessante. São elas:[2]

a) Em relação a Deus

Dirijo-me a Deus somente em caso de necessidade?

[2] Cf. Papa Francisco propõe essas perguntas para um bom exame de consciência. Disponível em *www.acidigital.com*. Consulta em 25 de fevereiro de 2021.

Participo da missa dominical e dos dias de preceito? Começo e termino meu dia com a oração? Invoquei em vão o nome de Deus, de Maria e dos Santos? Envergonho-me de me apresentar como cristão? O que faço para crescer espiritualmente; como e quando o faço? Revolto-me diante dos desígnios de Deus? Pretendo que seja Ele a cumprir minha vontade?

b) Em relação ao próximo

Sei perdoar ao próximo, partilhar com ele, ajudá-lo? Julgo sem piedade, tanto em pensamento quanto com palavras? Caluniei, roubei, desprezei os pequenos e indefesos? Sou invejoso, colérico, parcial? Tomo conta dos pobres e dos doentes? Envergonho-me de meu irmão ou de minha irmã? Sou honesto e justo com todos ou alimento a "cultura do descartável"? Instiguei os outros a fazer o mal? Observo a moral conjugal e familiar que o Evangelho ensina? Como vivo as responsabilidades educativas com meus filhos? Honro e respeito meus pais? Rejeitei a vida após a concepção? Desperdicei o dom da vida? Ajudei a fazê-lo? Respeito o meio ambiente?

c) Em relação a mim mesmo

Sou um pouco mundano e pouco crente? Exagero em comer, beber, fumar e divertir-me? Preocupo-me em excesso com a saúde física, com meus bens? Como uso meu tempo? Sou preguiçoso? Procuro ser servido? Amo e cultivo a pureza de coração, de pensamentos e de ações? Nutro vinganças? Alimento rancores? Sou manso, humilde, construtor de paz?

A pessoa também pode fazer um exame de consciência sem necessariamente seguir um rol de perguntas ou de proposições. O importante é revisar a vida e arrepender-se. Porque somos pecadores, e Deus quer nos perdoar. Conforme adverte o papa Francisco: "Se não sabemos o que acontece em nosso coração (...), somos como os animais que não entendem nada, seguem em frente com o instinto". Entretanto – continua o Pontífice – "nós não somos animais, somos filhos de Deus, batizados com o dom do Espírito Santo". Por isso – conclui – "que o Senhor nos ensine a fazer sempre, todos os dias, o exame de consciência".[3]

ATO DE CONTRIÇÃO

O Ato de Contrição é uma oração que expressa a tristeza do pecador pelos pecados cometidos. Pode ser utilizado em um serviço litúrgico ou em particular. Reza-se o ato de contrição principalmente na confissão sacramental ou no ato penitencial da missa:

Eu, pecador, confesso a Deus Todo-Poderoso e a vós irmãos e irmãs
que pequei muitas vezes, por pensamentos, palavras, atos e omissões,
por minha culpa, minha tão grande culpa!
Peço à Virgem Maria, aos anjos e santos e a vós irmãos e irmãs
que rogueis por mim a Deus Nosso Senhor.

[3] Cf. EXAME de consciência segundo o papa Francisco. Disponível em *www.ihu.unisinos.br*. Consulta em 25 de fevereiro de 2021.

III

Eu sou a porta

A salvação

"Eu sou a porta. Se alguém entrar por mim, será salvo."
(Jo 10,9a)

1. Deus não poupou seu próprio Filho

Coisa importantíssima na vida é o conhecimento. Saber explicar o porquê de certos acontecimentos, das realidades experimentadas, das opções feitas e das próprias convicções demonstra o quanto a pessoa leva a sério sua vida e suas escolhas. Entretanto há muitas pessoas que praticam religião sem compreender bem o que fazem. Conheci uma mulher que afirmava com veemência: "Acima de meu Divino Pai Eterno, só Nosso Senhor Jesus Cristo".

Já no início da era cristã, o apóstolo Pedro exortava os crentes: "Estai sempre prontos para dar razão de vossa esperança a todo aquele que vo-la pede; fazei-o, porém, com mansidão e respeito" (1Pd 3,15b-16a). Essa recomendação é, ao mesmo tempo, uma regra comportamental e de postura intelectual, o que implica também compreender a fé que se pratica. Obviamente, não é necessário que todos os cristãos sejam mestres de doutrina, mas ao menos que assimilem interiormente e saibam explicar minimamente os conteúdos daquilo que vivenciam.

Uma compreensão capital que, surpreendentemente, poucas pessoas cristãs têm é a respeito do porquê Jesus morreu para nos salvar. Surpreendente, porque a Encarnação do Verbo e, consequentemente, a Redenção é uma verdade-chave da fé (RH, 1). A Igreja nasceu do mistério da redenção. Além disso, afirma-se, com muita frequência, que Jesus é o Salvador da humanidade. Seria de se esperar, portanto, que todos os batizados apreendessem o conteúdo dessa verdade, sabendo igualmente esclarecê-la aos outros.

Por que Jesus morreu para nos salvar? Para responder a essa pergunta, é necessário que nos remetamos, primeiramente, ao chamado "pecado original", ou seja, ao pecado dos primeiros pais, que condenou os homens e as mulheres de todos os tempos à privação da amizade e da glória de Deus. Esse pecado – narrado na Sagrada Escritura no capítulo três do livro do Gênesis – significou uma recusa formal e deliberada a relacionar-se com o Criador e a obedecer-lhe.

Hoje em dia, muita gente discute se o mundo foi realmente criado por Deus e se Adão e Eva existiram de fato. Alguns o fazem sugerindo coisas igualmente difíceis de provar: a teoria do *Big Bang* e a proposição de que o homem teria se originado do macaco. Contam que uma criança indagou sua mãe sobre como surgiu a humanidade, ao que a mãe respondeu que Deus a havia criado. Então, ela se dirigiu ao pai com a mesma pergunta, e este lhe disse que todos os homens tinham origem simiesca. A criança voltou para questionar a mãe e ela disparou: "Ah! Ele deve ter falado da família dele, eu falei da minha". Não sei por que tanta gente faz questão de abdicar da condição de ser filho de Deus para ser filho de macacos.

Não há incompatibilidade entre o criacionismo e o evolucionismo (BETTENCOURT, s/d). Mas essa questão é a que menos importa. Se "Adão e Eva" é uma metáfora, se eram muitos ninguém sabe ao certo. Não temos máquina do tempo. A Igreja crê em uma verdade *revelada*. O fato é: alguém (ou mais de uma pessoa), livremente, cometeu o primeiro pecado e isso significou uma ruptura voluntária com Deus, com consequências sombrias para toda a humanidade. A partir de então, os homens de todas as épocas ficaram privados do céu.

Então, a culpa não é nossa? Não. A responsabilidade pela condenação é dos primeiros pais. Nós fomos submetidos à escravidão, não por opção pessoal, mas por escolha daqueles que foram nossos antecessores. Isso é justo? Sim, porque há uma solidariedade no gênero humano. A pretensão de que os atos de alguém digam respeito a ele somente é uma coisa da contemporaneidade. Pois tudo quanto alguém faz tem consequências para outrem, principalmente se este alguém exerce algum tipo de autoridade. A "solidariedade" diz respeito também às coisas boas. Todos, igualmente sem concorrer para isto, teriam gozado dos benefícios da requerida fidelidade dos primeiros pais (BETTENCOURT, s/d).

E isso em nada altera o mérito da salvação realizada por Cristo. Somos gratos a quem nos salva, ainda que não tenhamos culpa pela situação em que estávamos encerrados. Seria o caso de alguém que foi empurrado em um lago sem saber nadar. Ele não teve culpa de cair na água, mas, se alguém o salvar, ele o terá em conta de herói e lhe será certamente muito agradecido. Ademais, nunca ouvi falar de alguém que recusasse um bem – como uma herança, por exemplo – porque nada fez para adquiri-lo. Por que reivindicamos veementemente o direito de não sofrer consequências pelos males cometidos por outrem?

Os primeiros pais eram – por assim dizer – autoridade sobre toda a humanidade. Eles cometeram algo insuportável, pois a injúria é tão mais grave quanto maior a dignidade da pessoa ofendida. Por exemplo, agredir fisicamente a própria mãe é mais grave do que fazer o mesmo a um desconhecido, por causa da dignidade da mãe em relação ao filho. Ora, Deus é um ser infinito. Por isso a injúria feita a Deus pelo pecado dos primeiros pais foi de uma gravidade infinita. Para reparar a desordem causada por ela, seria preciso um ato de amor a Deus de valor igualmente infinito.

Nenhuma criatura seria capaz de um ato de amor de valor infinito; por mais altruísta e resignado que seja, ou ainda que resulte de um impulso sobrenatural, um ato humano é sempre finito, como a criatura de que procede. Então, para que houvesse na terra um amor capaz de reparar a injúria feita a Deus, seria necessário que esse amor derivasse de uma pessoa divina. Por isso a necessidade da Encarnação. Conforme adverte o Catecismo da Igreja Católica (n. 616):

> Nenhum homem, ainda que o mais santo, tinha condições de tomar sobre si os pecados de todos os homens e de se oferecer em sacrifício por todos. A existência em Cristo da Pessoa Divina do Filho, que supera e, ao mesmo tempo, abraça todas as pessoas humanas, e que o constitui Cabeça de toda a humanidade, torna possível seu sacrifício redentor por todos.

A obediência e o amor ao Pai, da parte de Jesus, verdadeiro homem e verdadeiro Deus, repararam o pecado cometido pelos primeiros pais, devolvendo à humanidade a possibilidade de comunhão com Deus, "derrubando o muro de separação e suprimindo em sua carne a inimizade" (Ef 2,14). A paixão, morte e ressurreição de Cristo teve, igualmente ao pecado original, consequências para toda a humanidade: "De modo que, como pela desobediência de um só homem, todos se tornaram pecadores, assim, pela obediência de um só, todos se tornarão justos" (Rm 5,19).

A redenção, portanto, foi o ato pelo qual o Salvador, pelo preço de seu sangue, expressão de seu amor, livrou o gênero humano da servidão do pecado e o reconciliou com Deus. Jesus *satisfez* por nossos pecados, pagou a dívida à justiça divina e nos *mereceu* a salvação.[4] Enquanto os romanos contemplavam apenas mais um crucificado, na verdade, "era Deus que em Cristo reconciliava o mundo consigo" (2Cor 6,19).

Um ato de vontade do Criador não seria suficiente para salvar o homem? Não. Porque o pecado não pode ficar impune, se não Deus quebraria a ordem de justiça. Um ato de bondade pode prevalecer sobre um ato de justiça, porém desde que esse ato de bondade não altere a ordem da justiça. Assim, alguém pode optar por dispensar o pagamento de uma dívida da qual é credor, desde que não faça isso *em condição de juiz*. Se o fizer, estará legitimando a passividade do devedor e tornando normativo o perdão das dívidas.

Ora, esta é a condição de Deus diante do pecado humano: a de um juiz. Caso o perdoasse sem mais, tomaria

[4] Cf. COMISSÃO TEOLÓGICA INTERNACIONAL. *Algumas questões sobre a Teologia da Redenção*, Parte III, n. 16.

uma atitude injusta, posto que o faria na qualidade de provedor da ordem de justiça, alterando-a e comprometendo-a. Deus é, por assim dizer, o responsável por manter a ordem que provém da justiça. Ele não pode deixar de ser justo, ferindo essa ordem. Um ato de injustiça de Deus quebraria a equidade cósmica de um modo pleno e definitivo. Embora seja onipotente, Deus não usa seu poder à revelia dos fatos.

Segundo a justiça, o homem deveria ser condenado por causa do pecado cometido. Em sua misericórdia, Deus se pegou procurando a solução para um enigma: como reparar um erro de proporções infinitas não ferindo a ordem da justiça e, ao mesmo tempo, libertando o culpado? Foi então que concebeu e executou um plano único, não podendo haver outro com maior perfeição: o plano da redenção. Quem, senão Deus, poderia ter concebido algo tão certeiro e sublime?

Deus fez tudo como pensou, e o fez *na* história humana. A redenção foi cuidadosamente preparada mediante as prefiguras veterotestamentárias e as práticas religiosas da aliança com Israel. No momento certo, cumpriu-se (cf. Gl 4,4). Inicialmente, pela Encarnação do Verbo, que foi o ato mediante o qual Deus se fez homem, sem deixar de ser Deus, criando as condições para que uma pessoa de natureza humana fosse capaz de um amor infinito, porquanto esta pessoa era infinita. Na sequência, mediante a cruz, em que se visibiliza tanto a justiça quanto a misericórdia de Deus.

Alguém poderia perguntar: mas havia necessidade de submeter o Filho àquele sofrimento? A Encarnação do Verbo e sua fidelidade ao Pai não seriam suficientes para salvar o homem? A Sagrada Escritura exprime com clareza que o plano da salvação incluía o sofrimento de Jesus, o que fica evidente na própria insistência de Nosso Senhor a esse respeito: "*É necessário* que o Filho do Homem padeça muitas coisas, seja rejeitado pelos anciãos, pelos príncipes dos sacerdotes e pelos escribas. *É necessário* que seja levado à morte e que ressuscite ao terceiro dia" (Lc 9,22 – grifos nossos).[5]

A paixão e morte do Senhor segue a lógica sacrifical presente no Antigo Testamento (cf. Ex 12,1-28; Lv 16,1-19; 22,17-20; 23,12). Trata-se, pois, de um procedimento pedagógico para ficar claro o que Deus estava fazendo pelos homens: oferecendo seu Filho em sacrifício pelo pecado de uma multidão. O sofrimento de Jesus é uma linguagem, para indicar quem é Deus e como Ele ama, até que ponto é capaz de rebaixar-se para alcançar a ovelha que se perdeu (cf. Lc 15,1-7).

É como se Deus tivesse "aproveitado" a ocasião para se revelar mais plenamente. Com efeito, a paixão e morte do Senhor é uma revelação acerca de Deus, de seu amor infinito e eterno, de sua capacidade de esvaziamento pessoal e perene na direção do homem (SOUSA, 2009). Conforme está escrito:

> Sendo ele de condição de divina, não se prevaleceu de sua igualdade com Deus, mas aniquilou-se a si mesmo, assumindo a condição de escravo e assemelhando-se aos homens. E, sendo exteriormente reconhecido como homem, humilhou-se ainda mais, tornando-se obediente até a morte, e morte de cruz (Fl 2,6-8).

---

[5] Cf. também Lc 9,44;18,31-33; Mt 16,21;17,22-23;20,18-19; Mc 8,31;9,31;10,33-34.

A morte na cruz foi a melhor forma de Deus declarar seu amor pela humanidade. Aliás, sabemos que alguém nos ama realmente quando é capaz de sofrer por nós. A Paixão do Filho de Deus, portanto, exprime esta mensagem do Pai: um ato, mesmo de vontade e por maior que tenha sido seu significado (o pecado original), não foi capaz de fazer Deus esquecer o homem. Em Jesus, o Pai disse que ainda podia ser diferente, que ainda daria tempo de reconstituir aquela relação paradisíaca, mesmo que para isso fosse necessário sofrer.

Por outro lado, o sofrimento de Jesus exprime a gravidade do pecado. Dificilmente enxergaríamos quão grave foi o pecado original, assim como nossos pecados pessoais, se o Filho tivesse vindo ao mundo, realizado alguns milagres, dito algumas palavras e retornasse triunfante. Qual condenação estava reservada para nós e da qual Cristo nos livrou? A ignomínia da cruz dá ao menos uma ideia a esse respeito, tornando mais palpável a realidade cruenta do pecado em nossas almas. Dessa forma, "aquele que não conheceu o pecado, Deus o fez pecado por nós, para que nele nós nos tornássemos justiça de Deus" (2Cor 5,21). Sim, era realmente necessário que Cristo sofresse. E não apenas sofresse, mas também morresse, pois "o salário do pecado é a morte" (Rm 6,23).

É por isso que, ainda hoje, a cruz recorda: aos demônios sua danação final; aos homens sua salvação. O ato de amor do Filho não foi apenas suficiente, mas superabundante (cf. Rm 5,15-20). Deus não só resolveu o enigma, como ainda aproveitou para se revelar de um modo pleno, como ainda não tinha se revelado, e atestou novamente sua prodigalidade, demonstrando que não pode haver parceria entre o amor e a mesquinhez.

Por fim, a ressurreição selou sua vitória, pois não era possível que ele fosse retido em poder da morte (cf. At 2,24). Por sua própria natureza, Deus é imortal, mas precisava morrer. Por isso ele se encarnou, tornou-se mortal. No dizer de Santo Efrém (1995, p. 663): "A divindade ocultou-se sob a humanidade e assim se aproximou da morte, que matou, mas também foi morta. (...) Quando, pois, a morte engoliu sem temor o fruto mortal, ele libertou a vida e, com ela, multidões".

E aqui reside um grande mistério: por amor a quem o recusou, o Pai *não poupou nem seu próprio Filho*. Ofereceu o que de mais precioso Ele tinha: o Filho Unigênito, seu Único e seu Tudo. E o ofereceu para que este fosse condenado em lugar do homem. Daí a constatação paulina: "Aquele que não poupou seu próprio Filho, mas que por todos nós o entregou, como não nos dará com ele todas as coisas?" (Rm 8,32). E o subsequente hino jubilar: "Quem nos separará do amor de Cristo? A tribulação? A angústia? A perseguição? A fome? A nudez? O perigo? A espada? (...) Mas em todas essas coisas somos mais que vencedores pela virtude daquele que nos amou" (Rm 8,35.37).

2. O Senhor se compadeceu de ti

A salvação não é apenas um fato histórico ou uma realidade teológica, é também uma experiência individual. Oxalá todos os cristãos, iniciantes e perseverantes, vivenciassem-na, captando interiormente os efeitos da redenção na vida pessoal. Ela ocorre concretamente quando a pessoa percebe a força operante da paixão, morte e ressurreição de Nosso Senhor, tomando posse dela e libertando-se do pecado. Um protótipo bíblico excelente é o chamado endemoninhado gadareno. Recomendo ao leitor que, antes de continuar neste texto, consulte a referência bíblica completa: Mc 5,1-20.

Narrado por três dos evangelistas, esse episódio foi contado por Marcos com mais vivacidade e maior número de detalhes. Nele, vê-se Jesus, acompanhado pelos discípulos, cumprindo sua missão de anunciar o Reino de Deus. Ao atravessarem o Mar da Galileia, eles encontraram um homem possuído por um demônio, demônio este a respeito do qual o evangelho dá algumas características. A primeira delas é que se chamava "Legião".

Curioso que a expressão utilizada seja "Legião é *meu* nome", tornando difícil compreender quantos demônios realmente possuíam o corpo daquele rapaz. Seria apenas um, mas com poder equivalente ao de seis mil?[6] Ou, quem sabe, dois mil[7] demônios controlados por um mais poderoso? Talvez vários espíritos maus unidos com uma única finalidade. Não se sabe ao certo. O fato é que quem estava ali era tão forte que ninguém conseguia expulsar.

Marcos oferece outra característica: tratava-se de um espírito *impuro*. Os demônios progridem em vícios. De certo modo, eles se especializam. Este (ou estes) era especialista em impurezas, pois vivia em território pagão, habitava o cemitério e, quando percebeu que não poderia resistir à conjuração de Jesus, pediu para entrar em porcos (essas coisas são consideradas impuras pela tradição judaica).

[6] "Seis mil" era a quantidade de soldados de uma "legião" do exército romano.
[7] Número de porcos que se precipitou no mar.

O que esse qualificativo significa? No judaísmo, quem praticava essas coisas não podia se aproximar de Deus. Portanto esse tipo de demônio é especialista em induzir as pessoas a se afastarem de Deus, principalmente mediante a prática de impurezas. Existem muitos deles atuando nos dias de hoje. Muita gente cede à tentação, que é, na verdade, não uma força externa ao indivíduo, abstrata e horripilante, mas algo em forma de ideias que se confundem com os pensamentos. Os demônios impuros introduzem espécies inteligíveis nas mentes das pessoas, causando confusão de ideias a respeito de Deus e atraindo-as para o sincretismo, ou para a bricolagem religiosa, ou mesmo para a desordem artística e estética (FORTEA, 2010). Sintoma disso são as letras e coreografias sensuais dos "hits" musicais atuais e os estranhos gostos, especialmente da parte dos jovens, por roupas e acessórios que enleiam a noção de beleza.

Esses espíritos atraem, sobretudo, para a luxúria.[8] A sexualidade é uma dimensão que, se desestabilizada, causa grande desarmonia, porque constitutiva da *identidade* da pessoa. Os pecados de luxúria afetam o equilíbrio e a unicidade do ser humano, prejudicando principalmente sua "capacidade de relacionamento". A sexualidade é uma espécie de via mediante a qual os demônios tentam conduzir a pessoa a sucessivas faltas que, acumuladas, terminam comprometendo sua ordem interior, uma vez que algo de seu núcleo identitário fundamental foi tumultuado, a saber: o ser de homem ou de mulher. São Paulo alerta em 1Cor 6,18: "Fugi da fornicação. Qualquer outro pecado que o homem come-

[8] Chego a essa conclusão mediante outras conjecturas, a despeito do fato de que, no evangelho, o possesso gadareno não se demonstra lascivo.

ta é fora do corpo; mas o impuro peca contra seu próprio corpo". Entenda-se: contra si mesmo, profundamente (SOUSA, 2016).

A consequência da impureza é a escravidão. Esse endemoninhado do evangelho é um protótipo do homem escravo do pecado, distante de Deus. Note-se que o rapaz tem sua personalidade dividida, suas emoções estão confusas (ele grita e se fere) e seus relacionamentos estão comprometidos. Quantas pessoas estão assim hoje em dia! Não vivem, perambulam. Não têm descanso. Ferem-se a si mesmas e as pessoas que as amam. A impureza escraviza o homem, fazendo com que ele viva subjugado pelos desejos e pelas paixões da carne.

Existe um redentor! A entrada de Jesus em território pagão demonstra que ele não se importa muito com a impureza "ritual", e sim com o estrago que o afastamento de Deus provoca. Por isso Jesus rompe os limites entre o puro e o impuro, realizando, nesse episódio em Gadara, aquilo que Paulo iria explicar: "O que era impossível à lei, Deus o fez. Enviando, por causa do pecado, seu próprio Filho em uma carne semelhante à do pecado, condenou o pecado *na carne*" (Rm 8,1-3 – grifo nosso).

Com o exorcismo em Gadara, Jesus atestou que as pessoas não precisam esperar morrer para experimentarem sua libertação. A salvação é um *evento de hoje.* Há um poder que foi dado "em nome de Jesus". Aliás, da doença e do sofrimento outros podem livrar-se. Mas do pecado somente Jesus pode libertar: "É ele a pedra rejeitada por vós, os construtores, mas que se tornou a pedra angular. Pois não há, debaixo do céu, outro nome dado aos homens pelo qual devamos ser salvos" (At 4,11-12).

Assim como a tentação não é uma pressão abstrata fora da pessoa, muito menos a redenção é algo poético ou "em tese". A salvação resultou em uma força que atua poderosamente *na* pessoa e em seu favor, capacitando-a para a liberdade diante do pecado, pois "ele nos perdoou todos os pecados, cancelando o documento escrito contra nós, cujas prescrições nos condenavam. Aboliu-o definitivamente, ao encravá-lo na cruz. Espoliou os principados e potestades, triunfando deles pela cruz" (Cl 2,13b-15).

Fiz esta constatação em minha vida: o poder da salvação é maior do que a força do pecado em mim. Por isso meus pecados, em última análise, resultam de atos de vontade, pois sinto que não sou obrigado a fazer o que não quero. Por causa disso, penso que a sensação psicológica, que muitos experimentam, de que as paixões da carne são mais fortes no homem do que suas convicções morais é fruto – na maioria dos casos – de uma espécie de ilusão mental causada pelos demônios impuros. Eles conseguem assustar o crente, fazendo alarido e exibindo um poder que não possuem.

Note-se o que aconteceu nesse episódio narrado por São Marcos. Quando avistou Jesus, o demônio impuro não correu com medo e sim para cima dele. E não só isso, mas o espírito quis expulsar Jesus antes que este o exorcizasse. Sua intenção ficou evidente quando ele chamou Jesus pelo nome, que é um modo, segundo os exorcismos antigos, de obter o domínio sobre o outro. O demônio chegou a usar o nome de Deus, imitando a fórmula cristã: "Conjuro-te, por Deus, que não me atormentes" (v. 7b).

É assim que os demônios tentam manter os homens cativos até o último minuto antes da consumação dos tempos: partindo para cima deles e os assustando. Jesus simplesmente ignorou o alarido do demônio e disse: "Sai deste homem, espírito impuro". Com isso Ele demonstrou quem é que mandava, assim como evidenciou que a salvação é um evento atual, não apenas escatológico.

É maravilhoso contemplar o resultado da redenção. Quando encontro, no evangelho, aquele homem "sentado, vestido e em são juízo; *aquele mesmo que tivera a Legião*", sinto-me como se estivesse contemplando a mim mesmo após a experiência da salvação. O contraste é muito grande entre a situação anterior e a condição posterior do sujeito. Ele voltou a sua pureza original, como se tivesse recebido uma veste branca, tão alva que nenhuma lavadeira poderia deixá-la igual (cf. Mc 9,3). Quanto a suas impurezas, ele as deixou para os porcos.

O desfecho desse episódio é ainda mais belo! O ex-endemoninhado quis acompanhar Jesus, mas este não deixou. Alguns comentadores consideram que Jesus negou-lhe o seguimento. Eu acho que não. Pois o seguimento de Jesus consiste em três momentos, descritos nas seguintes proposições: a) Vinde e vede (cf. Jo 1,39), que é o convite para conhecer sua pessoa; b) Vem e segue-me (cf. Mt 4,19), que traduz o aprendizado que deve ser feito aos pés do Mestre; e c) Ide e evangelizai (cf. Mc 16,15), o mandato de cumprir a missão de anunciar a salvação.

Da primeira etapa, Jesus o dispensou, pois ele haveria de pregar uma única coisa: "o que fez por ti o Senhor em sua misericórdia" (cf. v. 19). A segunda, ele fez uma espécie de supletivo, quando se sentou aos pés de Jesus, ou seja, realizou seu discipulado em forma de "intensivão". Por causa disso, estava em condições de ouvir do

Senhor: "Vai, anuncia!" Ele partiu e falou não somente aos seus, mas em dez cidades da região pagã. E continuou causando espanto nas pessoas, porém, desta vez, não por suas peripécias imundas, e sim pela pureza que exalava de sua nova vida.

3. Religião salva?

No decorrer da história da humanidade, não faltou quem pretendesse explicar o que é a religião, atribuindo-lhe um lugar acidental na experiência humana. Só para citar alguns, Freud a considerava como a neurose obsessiva da humanidade; Marx, o ópio do povo; e Comte, a mais primitiva de todas as fases do desenvolvimento humano. A discussão evoluiu a tal ponto que se tentou mesmo eliminar a religião da sociedade. Muitos acreditavam que o avanço do discurso racionalista da modernidade tornaria a religião dispensável; o próprio sistema social ofereceria equivalentes, institucionais ou não, que preencheriam o que outrora era absorvido pela religiosidade (MARTELLI, 1995).

Mas a religião persistiu! Na contemporaneidade, ainda com mais força. Parece que a história se deleita em zombar das previsões. Quando tudo parecia anunciar os funerais de Deus e o fim da religião, o mundo foi invadido por um renovado fervor religioso, estupendo, tanto por sua intensidade quanto pela variedade de suas formas, enchendo os espaços que se proclamavam secularizados (ALVES, 1980).

Os cientistas deviam saber que não há como retirar a fé do homem, nem como a razão fazer submergir a religião, porque esta faz parte do foro da experiência. Ou seja, a religião não é da alçada da racionalidade. A intuição é, mormente, seu lugar. Isso não significa que ela é irracional. Pode ser considerada extrarracional ou até suprarracional. Mas não existiria religião se não existisse intuição, emoção, sentimentos e aquela sensação de algo mágico e sobrenatural que o ser humano experimenta. Quem revelaria os mistérios do transcendente se não acontecessem os êxtases e os transes?

É bem verdade que nisso existe um risco de alienação e até de manipulação de consciências. Para resolver esse problema, uma boa dose de criticidade é suficiente. Mas é preferível correr esses riscos a reduzir a religiosidade a um intelectualismo sem graça. Prefiro os exageros de alguns, desde que abram a possibilidade de desvelar ou fazer experimentar o mistério, aos conceitos predefinidos e estáticos dos que adotam a mesmice como proposta de vida.

Deixar-se tocar na subjetividade e na intuição faz bem a qualquer um. Que se confesse o mais metódico dos amantes da ciência: no fundo, o mistério atrai. Não são os fatos que determinam a maneira de ser do homem, mas sim os fatos transfigurados (ALVES, 1990). Por isso, ignorando as previsões de vários cientistas a respeito do fim da religião, a sociedade contemporânea viu emergir novo surto de religiosidade.

Aqui é preciso discernir. No meio disso tudo, existem aproveitadores e charlatões, além dos que conduzem todo mundo ao erro em sã consciência, ou seja, achando mesmo que está no caminho certo. Mas a despeito deles, é preciso reconhecer que o fenômeno religioso contemporâneo é um sintoma de que subsiste no homem aquele encanto característico de um ser que não vive sem a contemplação do sobrenatural. E, se o homem não vive sem isso, é porque isso lhe é constitutivo. Nele há um lugar para a experiência religiosa. Talvez reservado pelo próprio Criador, que não quis que o homem se desvinculasse do belo nem tornasse sua vida sem gosto e sem nenhuma certeza a respeito do que está além de si mesmo.

Mas religião salva? Na maioria das vezes, quando alguém faz essa pergunta, está querendo saber se é necessário pertencer a uma agremiação religiosa para alcançar a salvação. Essas pessoas duvidam, portanto, de que, após a morte, ressuscitarão e receberão a recompensa pelo modo como conduziram sua vida em acordo com uma doutrina. Para alcançar a vida eterna não seria suficiente fazer o bem? Praticar uma religião muda alguma coisa? Afinal, existem tantas pessoas religiosas que se comportam com hipocrisia e maldade!

A prática do bem é muito importante. A despeito das variações culturais, a humanidade tende para a constituição de uma espécie de código de ética universal, que estabelece alguns valores como válidos para todos os homens em todos os tempos. Assim, o amor ao próximo, a paz, a honestidade e a verdade, entre outras coisas, devem ser perseguidas por todo ser humano em qualquer época.

Em geral, quando uma pessoa busca sinceramente a verdade e o bem, ela caminha em direção a Deus, que é o Sumo Bem. Mesmo que não siga diretamente os preceitos de uma religião, sua procura sincera faz com que ela esbarre em Deus e a Ele se *religue*. Entretanto, se tiver a oportunidade de receber o anúncio do Evangelho, a pessoa deve reconhecer que seu esforço altruísta é uma manifestação do "desejo de Deus". Nesse momento, escusar-se de praticar religião por orgulho ou comodismo significa desviar-se de Deus e, portanto, desviar-se do bem. Então, mesmo que pratique obras boas, não poderá ser salva, porque se nega a acolher o Salvador. Nesse sentido, *religião salva*!

Não adianta ser religioso e não praticar o bem. Isso constitui um grande escândalo, que faz com que muitas pessoas temam aproximar-se da prática religiosa. Aceitar e propagar os preceitos de uma determinada religião, cumprir com todos os seus ritos individuais e coletivos, externar sua adesão e, ao mesmo tempo, comportar-se com maldade e falta de amor de nada adianta. Nesse sentido, *religião não salva*! Como adverte São Paulo: "Mesmo que eu tivesse o dom da profecia e conhecesse todos os mistérios e toda a ciência; mesmo que tivesse toda a fé, a ponto de transportar montanhas, se não tiver amor não sou nada" (1Cor 13,2).

Evidentemente, nem todas as religiões são verdadeiras. Elas são diferentes e, às vezes, divergem frontalmente em uma mesma matéria. Como poderiam ser todas verdadeiras se pregam coisas opostas? Normalmente, quem defende que as religiões são todas iguais é porque não quer praticar nenhuma, pois não deseja compromisso com ninguém. Isso reflete a condição de alguém fechado em si mesmo, que assume uma postura egoísta diante de certos desafios da vida.

Entretanto todas as religiões contêm "sementes" da verdade, e pessoas, de qualquer religião, que buscam sinceramente a Deus podem ser salvas. Além disso, as religiões podem e devem se respeitar, reforçando seus pontos comuns, em vez de realçar suas diferenças. Mas é preciso proceder a um discernimento e acolher a verdade. E Jesus Cristo é a verdade. Ele quis salvar o mundo por meio da religião, mais especificamente da Igreja. Ela é a via normal da salvação, embora não a única: "Deus pode por caminhos dele conhecidos levar à fé todos os homens que sem culpa própria ignoram o Evangelho" (CIC, 848).

Se o homem reconhece, realmente, a necessidade de ser salvo, reconhecerá também, quando o Evangelho lhe for mostrado, a necessidade de ser cristão. Se jamais se deparar com a mensagem salvífica de Cristo, encontrará em sua própria consciência, de algum modo, o caminho para o infinito. Mesmo que não pratique religião!

O PAI-NOSSO

A oração do Pai-nosso nos foi ensinada e dada pelo Senhor Jesus. Esta oração é realmente única: ela é "do Senhor". Mediante as palavras dessa oração, o Filho único nos dá as palavras que o Pai lhe deu (CIC, n. 2765):

Pai nosso, que estais nos céus,
santificado seja o vosso nome,
venha a nós o vosso reino,
seja feita a vossa vontade,
assim na terra como no céu.
O pão nosso de cada dia nos dai hoje;
perdoai-nos as nossas ofensas,
assim como nós perdoamos
a quem nos tem ofendido;
e não nos deixeis cair em tentação,
mas livrai-nos do mal.

IV

Fechadas as portas, pôs-se no meio deles

O derramamento do Espírito Santo

"Na tarde do mesmo dia, que era o primeiro da semana, os discípulos tinham fechado as portas do lugar onde se achavam, por medo dos judeus. Jesus veio e pôs-se no meio deles. Disse-lhes: 'A paz esteja convosco. Como o Pai me enviou, também eu vos envio'. Depois dessas palavras, soprou sobre eles dizendo: 'Recebei o Espírito Santo'." (Jo 20,19.21-22)

1. Descerá sobre vós o Espírito Santo

No texto em epígrafe, os discípulos de Jesus aparecem reunidos, porém com as portas fechadas, porque temiam represálias da parte dos mesmos judeus que haviam providenciado a morte do Senhor. O medo era justificado porque eles estavam ainda sob tensão, por causa dos acontecimentos recentes. Entretanto, já ressuscitado, Jesus se pôs no meio deles, rompendo o fechamento, ao que parece com três intenções: comunicar a paz (v. 19), encarregá-los de uma missão (v. 21) e derramar o Espírito Santo (v. 22).

Das três, a última parece ser a mais importante. Jesus sabia que os discípulos iam precisar de força sobrenatural para sair daquela situação de incerteza e empenhar-se na missão. Por isso "soprou sobre eles", sinalizando o derramamento do Espírito, gesto que remete ao sopro de vida que *Iahweh* insuflou nas narinas de Adão: "Então, Iahweh Deus modelou o homem com a argila do solo, insuflou em suas narinas um hálito de vida e o homem se tornou um ser vivente" (Gn 2,7). A atitude de Jesus, portanto, é como se fosse a fase última da "recriação" do homem realizada na redenção.

Do mesmo modo, todos nós, cristãos iniciantes ou perseverantes, precisamos receber o Espírito Santo. Sacramentalmente, isso acontece por meio do Batismo e da Crisma. Todavia muitos experimentam o chamado "batismo no Espírito Santo", um desdobramento da incidência sacramental (SOUSA, 2021). "Batizar" significa "inundar", "molhar completamente". Por meio desse "banho espiritual", adquirimos força e coragem para viver o Evangelho em toda a sua amplitude, não nos deixando empancar pelos obstáculos que surgem em nossa caminhada.

Em sentido estrito, o batismo no Espírito Santo é uma nova missão da Terceira Pessoa da Santíssima Trindade, uma incidência especial da graça que tem por objetivo renovar profundamente a vida de alguém. Por isso a experiência é, às vezes, marcada pela sensação clara de que algo operou interiormente na pessoa, também chamado de "efusão do Espírito". O batismo no Espírito é algo que não tem um fim em si mesmo, ou seja, não serve para trazer tranquilidade psicológica nem se configura um momento de "distração espiritual", mas significa uma atualização de caráter vivencial do batismo e dos outros sacramentos (CANTALAMESSA, 1996; SOUSA, 2021).

Sem o Espírito Santo, nada podemos fazer, nem sequer dizer "Jesus é o Senhor" (cf. 1Cor 12,3). Por isso Cristo mesmo tratou de "completar" a Redenção mediante o envio da Terceira Pessoa da Santíssima Trindade. Ela realiza a obra de renovação. Portanto não é o homem o autor principal de sua conversão, conquanto tenha de se abrir a ela pela fé. O mais tenaz esforço humano raramente é eficaz sem a graça de Deus. A efusão do Espírito, mesmo não sendo um sacramento, é um evento espiritual determinante na vida de quem quer se converter (CANTALAMESSA, 1996).

No evangelho de São João, o momento em que Jesus sopra sobre os discípulos e lhes diz: "Recebei o Espírito Santo" é praticamente o evento conclusivo de sua missão. No ministério do Messias, a paixão, morte e ressurreição estavam estreitamente vinculadas ao derramamento do Espírito Santo (cf. Jo 16,7). Por conseguinte, naquele instante houve um verdadeiro batismo, tipificação daquilo que Jesus quer transmitir a todo o povo de Deus, com consequências gigantescas. Notemos que, se por um lado, o sinal que caracteriza a ação de Jesus é apenas um sopro, por outro, a consequência dele marcaria a vida da Igreja para sempre: o poder de perdoar os pecados (SOUSA, 2021).

Diferentemente dos escritos joaninos, nos *Atos dos Apóstolos* os acontecimentos se sucedem com Jesus fazendo, antes, uma promessa: "Descerá sobre vós o Espírito Santo". A narrativa lucana oferece nuances muito interessantes:

> E, comendo com eles, ordenou-lhes que não se afastassem de Jerusalém, mas que esperassem aí o cumprimento da promessa de seu Pai, "que ouvistes" – disse ele – "de minha boca; porque João batizou na água, mas vós sereis batizados

> no Espírito Santo daqui a poucos dias". Assim reunidos, eles o interrogavam: "Senhor, é porventura agora que ides instaurar o reino de Israel?" Respondeu-lhes ele: "Não vos pertence a vós saber os tempos nem os momentos que o Pai fixou em seu poder, mas descerá sobre vós o Espírito Santo e vos dará força; e sereis minhas testemunhas em Jerusalém, em toda a Judeia e Samaria e até os confins do mundo". Dizendo isso, elevou-se à vista deles e uma nuvem o ocultou a seus olhos (At 1,4-9).

É verdade que ninguém gosta de esperar, ainda mais em circunstâncias de medo e incerteza. Enquanto tomavam aquela refeição, os discípulos se encontravam apreensivos e, para completar, Jesus fez a promessa e foi embora, ou seja, subiu aos céus, deixando-os sozinhos mais uma vez, sem sequer responder a indagação deles sobre quando restauraria o Reino de Israel. Jesus apenas disse: "Não compete a vós conhecer os tempos e os momentos que o Pai fixou em sua autoridade" (v. 7). E reiterou: "Mas recebereis uma força, a do Espírito Santo, que descerá sobre vós, e sereis minhas testemunhas em Jerusalém, em toda a Judeia e a Samaria, e até os confins da terra" (v. 8).

Parece que Jesus estava muito convencido de que o que menos importava naquele momento era dar esclarecimentos; que o derramamento do Espírito Santo elucidaria todas as coisas vividas pelos discípulos e que seria perda de tempo tentar responder a algo naquelas condições. Com efeito, Jesus já tinha alertado: "Tenho ainda muito a dizer-vos, mas não podeis suportar agora. Quando vier o Espírito da Verdade, ele vos conduzirá à verdade plena" (Jo 16,12-13a).

Apesar de certa instabilidade de fé, os discípulos não se afastaram de Jerusalém e aguardaram o cumprimento da promessa. O que os fez esperar? Acredito que foi o tempo estabelecido. Jesus disse que a descida do Espírito Santo se realizaria "daqui a poucos dias". Ademais, os projetos de vida daqueles homens estavam indefinidos, pois haviam deixado tudo para seguir Jesus. Valeria a pena esperar mais um pouco. Talvez tenham estabelecido um prazo. Ainda hoje algumas pessoas recebem a graça da efusão do Espírito porque esperam um pouco, seja em um grupo de oração, em um retiro ou em uma circunstância qualquer que oportunize a ação de Deus.

A expectativa não foi frustrada. Os discípulos foram batizados, o que os capacitou a viverem santamente. Com efeito, o Espírito Santo é a força de que todos precisamos. Ele habita em nós e nos move, renovando em nosso interior o gosto pelas coisas de Deus, a vontade de ler e meditar a Bíblia, a compreensão do mistério da Igreja, um novo significado para a oração, além, é claro, de uma singular disposição para a mudança e para o aprendizado (SOUSA, 2021).

Não é por voluntarismo que o homem ou a mulher crescem em santidade. Só será santo aquele que se deixar inundar pela graça de Deus. Tenhamos esta verdade muito presente: precisamos ser batizados no Espírito Santo. É isso que nos capacita para a conversão. Trata-se de uma força interior que ocupa não apenas as áreas periféricas do ser (sentimentos, emoções etc.), mas o centro pessoal, a raiz das intenções, aquilo que a Bíblia chama de "coração". Conforme diz São Paulo aos Romanos: "Se alguém não tem o Espírito de Cristo, não pertence a Cristo" (Rm 8,9b).

Na vida dos discípulos, segundo a narrativa de Lucas, a promessa de Jesus de que eles receberiam o Espírito Santo se cumpriu no dia de Pentecostes. Veremos a seguir como isso ocorreu e algumas das implicações concretas na vida daquelas pessoas.

2. Pentecostes: o espetáculo das diferenças transfiguradas

Nos Atos dos Apóstolos está escrito assim:

> Chegando o dia de Pentecostes, estavam todos reunidos no mesmo lugar. De repente veio do céu um ruído, como se soprasse um vento impetuoso, e encheu toda a casa onde estavam sentados. Apareceram-lhes, então, uma espécie de línguas de fogo que se repartiram e repousaram sobre cada um deles. Ficaram todos cheios do Espírito Santo e começaram a falar em outras línguas, conforme o Espírito Santo lhes concedia que falassem (At 2,1-4).

A cena descrita por São Lucas me intriga por uma razão em especial: os discípulos de Jesus não tinham motivo algum para estarem "no mesmo lugar". O mestre não estava mais entre eles e, se essa turma já brigava enquanto vivia com Jesus, imagine depois de sua morte. Juntar-se naquelas circunstâncias seria criar as condições para que surgissem desavenças ainda maiores.

Conforme já esclarecemos, o que reunia aqueles homens e aquelas mulheres ali eram a estranha ordem de permanecer em Jerusalém e a incompreendida promessa de que naquela cidade seriam batizados no Espírito Santo. O fato de não compreenderem bem o que Jesus havia dito por ocasião da ascensão, deixava-os sem condições de garantir que aquela promessa se cumpriria. Tudo o que podiam fazer era aguardar.

Por isso eu fico pensando no que os discípulos *realmente* estavam fazendo naquele cenáculo antes da manifestação do Espírito Santo. Só me vem uma coisa à cabeça: *eles estavam comendo*. Até porque estavam *sentados* e era por volta de oito horas, boa hora para uma refeição matinal. Essa hipótese procede tanto mais pelo fato de que não é cena incomum nos evangelhos os discípulos comendo com Jesus. Ou melhor: Jesus comendo com os discípulos. Nos evangelhos, é mais fácil ver o mestre comendo do que jejuando.

Jesus chegou a ser acusado de comilão, dada a frequência com que se sentava para refeição (cf. Lc 7,34). Quando ensinava, ele abusava das metáforas com alimentos: grão de trigo, grão de mostarda, o semeador, a videira, o fermento etc. Frequentemente, comparava o céu a um banquete (cf. Mt 22,1-4;25,10). A própria vontade do Pai Jesus disse ser seu "alimento" (cf. Jo 4,34). E, no limite, afirmou ser ele mesmo o "pão da vida" (cf. Jo 6,35).

Quando ensinou a orar, não se esqueceu de recomendar aos discípulos que pedissem pão (cf. Lc 11,3). Antes de morrer, sabendo de tudo o que ia lhe acontecer, Jesus disse a seus amigos: "Tenho desejado ardentemente comer convosco antes de sofrer" (Lc 22,15). Quem se lembraria de comer momentos antes de passar por uma situação de sofrimento, angústia e morte? Os discípulos estavam tão acostumados a ver Jesus comendo, que, quando ele disse a Judas: "O que tens a fazer, faze-o logo", eles pensaram que estava mandando comprar comida (cf. Jo 13,29).

Especialmente depois da ressurreição, isso se torna redundante. Quando apareceu aos sete discípulos, a primeira coisa que Jesus perguntou foi: "Amigos, tendes alguma coisa para comer?" (Jo 21,5). Também pudera: três dias no sepulcro, devia estar com muita fome. A aparição narrada por Marcos (16,14) se dá durante uma refeição. Em Lucas (24,36-43), Jesus anuncia a paz e os discípulos pensam que estão vendo um espírito; Jesus, então, manda que eles o apalpem, diante do que os discípulos ainda permanecem relutantes. Tudo se esclarece quando Jesus *come* para mostrar que era ele mesmo. Não é de estranhar que tenha sido reconhecido em Emaús, justamente quando partiu o pão (cf. Lc 24,30-31).

Será que Jesus incutiu esse hábito no grupo de discípulos para que tivessem um pretexto de se reunirem após sua morte? Não se sabe. O fato é que, naquela refeição no cenáculo,[9] ocorreu algo determinante. Um grande espetáculo, na verdade! De repente, ouviu-se um ruído e, em seguida, apareceram línguas de fogo sobre as cabeças de todos. Deve ter sido estranho, assustador até. Porém era o Espírito Santo.

Há uma distinção importante a ser feita aqui. Nesse caso, os fenômenos externos (ruído, línguas de fogo) são sinais que visam impactar, chamar a atenção. Mas a realidade em si é o Espírito Santo mesmo. Note-se que é *a casa* que fica cheia do ruído, enquanto são *as pessoas* que ficam repletas do Espírito Santo. Dessa forma,

[9] A palavra "cenáculo" deriva da palavra latina "cena", que significa "jantar" ou "ceia".

aqueles que obedeceram a uma única ordem e acreditaram em uma mesma promessa de Jesus, viveram igualmente uma única experiência: a de serem batizados no Espírito.

A partir de então, o Espírito Santo assumiu o lugar magisterial de Jesus. Ou seja: se antes os discípulos tinham Jesus como mestre (cf. Mt 23,10), agora eles seriam guiados pelo Espírito (cf. Gl 5,16). O novo mestre é o Espírito Santo, e este é, por assim dizer, mais pleno, porque "metido" no coração. O principal resultado de Pentecostes é que aqueles homens e aquelas mulheres, tão desnorteados após a partida de Cristo, tiveram suprida sua carência de guia. Depois da experiência no cenáculo, o Espírito Santo é o novo "ponto de convergência" dos discípulos, em quem estes encontram e fundamentam sua unidade.

Porém, ao contrário do que dizem alguns, os discípulos em Pentecostes não começaram a falar *uma mesma língua*. É interessante isso. A expressão está no plural: começaram a falar *outras línguas*. Pentecostes se opõe a Babel justamente por isto: em Babel, eles falavam uma única língua e não se entendiam (cf. Gn 11,1.7); no cenáculo, as várias línguas se traduzem em comunhão.

Isso significa que Pentecostes não é um episódio que denota uniformidade; seu fruto, outrossim, não é a unanimidade. Muito ao contrário. Pentecostes revela um amplo quadro de diversidade: as línguas se repartem (não uma só), repousam sobre cada um (respeito à individualidade) e o Espírito Santo começa sua distribuição de dons. Para mim está claro que o que aconteceu em Pentecostes não foi um espetáculo de "iguais", mas um "batismo de diferenças". O Espírito Santo não eliminou a individualidade dos presentes, nem quis que eles se tornassem um todo homogêneo em torno de uma unidade forjada e despótica.

Nesse contexto, surpreende-me como esse quadro plural, descrito nos primeiros versículos do capítulo dois de *Atos*, contrasta com aquele apresentado pelo mesmo São Lucas mais adiante. "Contrastes" são próprios de Lucas, mas nesse ele extrapolou, pois a descrição posterior apresenta uma comunidade quase em comunhão celestial:

> A multidão dos que haviam crido era *um só coração e uma só alma*. Ninguém considerava exclusivamente seu o que possuía, mas *tudo entre eles era comum*. Não havia entre eles necessitado algum. De fato, os que possuíam terrenos ou casas, vendendo-os, traziam os valores das vendas e os *depunham aos pés dos apóstolos*. Distribuía-se, então, a cada um, segundo sua necessidade (At 4,32.34 – grifos nossos)

Alguns afirmam que esse painel a respeito da vida da comunidade cristã primitiva é, na verdade, um quadro ideal – talvez idealizado – da vida fraterna pós-pentecostes. Dessa maneira, ele seria apenas uma referência utópica, sem possibilidade de ser encontrado em sua forma pura. Essa interpretação tem certa coerência, mas discordo de que Lucas tenha traçado esse quadro com base em quimeras. É difícil imaginar que um autor como ele, preocupado com a autenticidade das fontes históricas e com o relato preciso dos acontecimentos, tenha feito um parêntese justamente no momento de expor algo tão importante para as gerações futuras dos cristãos. Toda a narrativa lucana (Evangelho e Atos) não é poesia, mas *testemunho*. Lucas não ignora as tensões existentes na comunidade primitiva. Exemplo emblemático disso é a narração do episódio de Ananias e Safira, personagens cuja mesquinhez ele parece querer contrastar com a generosidade de Barnabé (cf. At 4,36- 5,11).

Então, por que esse contraste? A resposta encontra-se no fato de as duas narrativas serem construídas com base em seu fenômeno (em sentido filosófico), ou seja, naquilo que *aparece*. Em Pentecostes, o que está em evidência são as diferenças. Na descrição da primeira comunidade cristã, sobressai-se a unidade. Assim como o pluralismo de Pentecostes não impediu Lucas de ver que todos estavam cheios de *um único* Espírito, na descrição posterior, a unidade não deveria impedi-lo de enxergar *as diferenças* na base da vivência fraterna dos primeiros discípulos.

Com efeito, as diferenças são o fundamento da vida comunitária. É sobre elas que se constrói a convivência fraterna. Dizendo de outro modo: elas são a *matéria-prima* da unidade. Lógico: se a unidade existisse *a priori*, não haveria indivíduos (e, portanto, não haveria fraternidade, mas mesmice). Isso implica dizer que a diversidade já contém a unidade em potencial e que as diferenças, ainda que não constituam *toda* a vida fraterna, estão em sua base (SOUSA, 2009).

Em uma comunidade realmente fraternal, a diversidade é o que menos aparece para o mundo, mas ela é experimentada de maneira muito concreta em seu interior. A experiência com o diferente é a única forma de manifestar ao mundo a beleza da unidade. E atenção: eliminar diferenças é também uma maneira de extinguir o Espírito (cf. 1Ts 5,19), pois uma comunidade que faz isso (por força de sua estrutura ou pela ignorância de seus membros) transformar-se-á em um sistema impessoal, no qual os indivíduos, de certa maneira, deixam de existir, dando lugar a uma funcionalidade fria e amorfa. Isso seria Babel e não Pentecostes. O resultado de *pessoas* (note-se bem) *cheias do Espírito Santo* é a gestação de uma comunidade, cujo rosto aparece para além de suas diferenças. O que ocorre é que *a comunidade transcende sua diversificação*, emergindo uma unidade que não é apenas aparente, mas real. A comunidade chega à comunhão *sem deixar de ser diversa.*

O Espírito Santo gera as diferenças? Não. Elas já existem. Faz com que se aproximem? Também não: elas se aproximam por si mesmas (as pessoas já estavam reunidas). Diferenças apenas aproximadas criam somente tensões. Então, o Espírito elimina as diferenças? Muito menos ainda. O que acontece então? O Espírito Santo *transfigura* as diferenças. No mesmo sentido em que ocorre em Mt 17,1-8. Nesse episódio, Jesus subiu à montanha com Pedro, Tiago e João, *transfigurando-se* diante deles: "Seu rosto resplandeceu como o sol, e suas vestes tornaram-se alvas como a luz" (v. 2b). As características individuais de Jesus permaneceram; ele não se tornou irreconhecível. Porém sua imagem transcendeu (SOUSA, 2009).

É exatamente isto que ocorre em uma comunidade em que as pessoas são cheias do Espírito Santo: têm sua singularidade revestida. Elas se *tornam semelhantes* (movimento parecido com a realidade trinitária). E isso aparece para o mundo com uma força impressionante. Uma comunidade de amor fraterno tem a capacidade de provocar êxtase, deixando estupefatos os homens de hoje, carentes de comunhão fraterna. O fascínio é provocado não pela uniformidade, mas pelas diferenças transfiguradas. É isso que deixa o mundo intrigado: como pessoas tão diferentes podem ser tão iguais.

Acho que Jesus imaginava um panorama assim quando disse: "Nisto conhecerão que sois meus discípulos: se tiverdes amor uns pelos outros" (Jo 13,35). Muito se mitificou desse versículo. Pretendeu-se um amor piegas, uniformizado, controlado, quando na verdade Jesus propunha aquilo que faria em Pentecostes: a transfiguração das diferenças, mediante o que cada indivíduo sai de si e acolhe o diferente, emergindo para o mundo um grande espetáculo.

Os acontecimentos da transfiguração e da união dos primeiros cristãos reservam, ao final, cada qual uma surpresa. Em Mateus, os discípulos erguem os olhos e não veem mais Moisés e Elias, senão Jesus *sozinho*. Esse recorte induz a pensar que *a solidão também é componente da vida fraterna*. Faz parte de sua própria natureza e não é uma distorção ou carência dela. Assim, momentos de exílio devem ser vividos por cada membro de uma comunidade como espaços privilegiados de encontro com Deus e não como uma ausência dos irmãos, como uma insuficiência de vida fraterna. A solidão é o elemento pelo qual se percebe que, por mais intenso, sadio e gostoso que seja viver em comunidade, os irmãos jamais serão capazes de preencher a saudade que cada um tem do Infinito. Há um lugar de encontro pessoal e único com Deus, conforme diz o profeta: "Eu o conduzirei para o deserto e lhe falarei ao coração" (Os 2,16).

Lucas, por sua vez, revela que os discípulos, mesmo com todas as mudanças pelas quais passaram, em uma coisa continuavam os mesmos: "Dia após dia, unânimes, mostravam-se assíduos no Templo e *partiam o pão pelas casas, tomando o alimento com alegria* e simplicidade de coração" (At 2,46 – grifo nosso). Continuavam comendo o quanto podiam. E isso os identificava ainda mais como discípulos de Cristo (acusado de comilão), cativando a simpatia do povo (cf. At 2,47). Talvez, muitos daqueles que se aproximaram da comunidade primitiva tenham sido atraídos pela comida (como se verá nas querelas que surgem posteriormente nas comunidades paulinas: brigas que envolvem alimentos). No entanto o que importa é que "todos estavam a caminho da salvação". Bom, é claro que o mais importante é chegar lá, mas, se no caminho tiver alguma coisa para mascar...

3. Meu povo há de fartar-se de meus bens

Existe um trecho do livro do profeta Jeremias que é um verdadeiro "grito", uma espécie de clamor acompanhado do desejo de que todos escutem sua mensagem:

> Nações, escutai a palavra do Senhor; levai a notícia às ilhas longínquas e dizei: Aquele que dispersou Israel o reunirá e o guardará, qual pastor a seu rebanho. Regressarão entre gritos de alegria às alturas de Sião, acorrendo aos bens do Senhor: ao trigo, ao mosto e ao óleo, ao gado menor e ao maior. Cumularei os sacerdotes de abundantes vítimas gordas, e o meu povo há de fartar-se de meus bens (Jr 31,10.12a.14).

A ansiedade do homem de Deus se justifica, sobretudo, porque aquilo que ele anuncia é uma boa notícia. É como quando tomamos conhecimento de algo interessante, importante, digno de ser publicado e que "não vemos a hora" de fazê-lo ao maior número de pessoas possível.

Na época de Jeremias, o povo de Israel estava exilado, era escravo de uma nação estrangeira. O profeta proclamou a libertação do povo, indicando que ele voltaria para sua terra com alegria e se fartaria com "os bens do Senhor". Que bens são esses? Jeremias falava de trigo, mosto, óleo e gado. A abundância dessas coisas era tida pelos homens daquele tempo como um sinal da bênção dos céus. Esse é um modo de o profeta explicar a prodigalidade de Deus quando intervém e salva, significando, todavia, algo além da prosperidade material.

Hoje em dia, muitas pessoas (entre elas, anunciadores do Evangelho) acham que os "bens de Deus" são bens materiais. Há, inclusive, os que proclamam que Deus não quer ninguém pobre e que, quanto maior for a riqueza de alguém, maior a evidência de que o fiel é um abençoado. Alguns testemunham a bênção mediante a apresentação da posse ou da propriedade de carros, mansões e empresas prósperas. E tantos outros ficam desejando essas coisas, esperando que Deus lhes dê igualmente.

Conquanto muito bem elaborada e com certo respaldo no Antigo Testamento, essa forma de enxergar as coisas não me parece em acordo com aquilo que Jesus pregou. Parece-me, sim, uma regressão à mentalidade veterotestamentária que, por não enxergar ainda a recompensa pós-morte, via na prosperidade temporal o modo de Deus manifestar sua justiça para com os bons.

Ora, esse pensamento evoluiu com o progresso da Revelação Cristã. É uma contradição pleitear que os cristãos sejam ícones de sucesso econômico adquirido mediante a fé. Eles seriam, realmente, seguidores do mestre que nunca ensinou seus discípulos a pedirem riquezas? No evangelho, quando muito, Jesus orienta a solicitar o necessário de cada dia (cf. Mt 6,11). E recomenda:

> Não vos preocupeis com vossa vida, quanto ao que haveis de comer, nem com vosso corpo, quanto ao que haveis de vestir. Vosso pai celeste sabe que tendes necessidade de todas essas coisas. Buscai em primeiro lugar o reino de Deus e todas essas coisas vos serão acrescentadas (cf. Mt 6,25a.32b-33).

No sermão da montanha, que é a catequese fundamental de Jesus, a primeira coisa que ele diz é: "Bem-aventurados *os pobres*" (Mt 5,3 – grifo nosso). Em outro momento, afirma ser impossível a um rico entrar no Reino dos Céus (cf. Mt 19,24). E justifica dizendo: "Ninguém pode servir a dois senhores. Não podeis servir a Deus e ao dinheiro" (Mt 6,24). Ao distribuir riquezas e bens de consumo, estaria Deus facilitando aos homens sua própria condenação? Jesus é muito veemente quando desaconselha o acúmulo de bens materiais, pois onde "está teu tesouro aí estará teu coração" (cf. Mt 6,19-20).

No Evangelho, não se vê em parte alguma Jesus tornando alguém rico. Ao contrário, a alguns ele propôs o abandono das riquezas. Por exemplo, a um homem que lhe perguntou o que faltava fazer para chegar à perfeição, Jesus disse: "Se queres ser perfeito, vai, vende tudo o que possuis e dá-os aos pobres e terás um tesouro no céu. Depois vem e segue-me" (Mt 19,21). Neste caso, *a renúncia dos bens* – e não sua posse – era a condição para iniciar e expressar o seguimento radical pela fé.

Igualmente, não há no Evangelho episódios em que Jesus realiza sonhos de consumo. Pelo contrário, ele requisita sonhos, como em Mt 4,19: "Vinde após mim e vos farei pescadores de homens", ocasião em que Jesus entrou na vida de alguns de seus futuros discípulos, que tinham projetos de vida, pedindo que os abandonassem em vista de um projeto divino.

Jesus era sempre muito contundente com aqueles que queriam segui-lo. Fez questão de recordar a um deles que "o filho do homem não tem onde reclinar a cabeça" (Mt 8,19-20). De fato, Jesus "não tinha onde cair morto" (literalmente, porque o túmulo onde ele foi enterrado era emprestado). Sim, emprestado, porque ele usou dois dias e depois devolveu.

Se existe alguém que, no Evangelho, oferece bens deste mundo não é Deus, e sim o Diabo: "Tornou o Diabo a levá-lo, agora para um monte muito alto. E mostrou-lhe todos os reinos do mundo com seu esplendor e disse-lhe: Tudo isso te darei, se, prostrado, tu me adorares" (Mt 4,8-9). E isso era *uma tentação*, na qual Jesus não caiu.

Obviamente, Deus não quer a miséria humana. O discurso de Jesus não incentiva a passividade nem proíbe a previdência, quando esta é razoável. Mas ele ensina que "a cada dia basta seu cuidado" (Mt 6,24), ou seja, que o cristão deve portar-se com confiança na providência divina. Até porque, em última análise, ninguém é capaz de garantir nada para si ou para outrem. As riquezas em nada contribuem para a salvação do homem. Morrendo, rico ou pobre, não faz diferença.

Não obstante eu tenha imenso respeito por todos aqueles que, em qualquer religião, buscam honestamente a Deus, não há como deixar de criticar essa religiosidade de consumo que vemos tomar proporções assustadoras na contemporaneidade, construindo uma mentalidade supostamente evangélica, mas que em cujo bojo está a vontade egoísta de possuir e de obter sucesso. Essa religiosidade, se protestante, trai a própria tradição luterana, calvinista e mesmo aquela oriunda do pentecostalismo clássico. Se católica, agride a doutrina da redenção.

Frases como "o homem sonha, Deus realiza" ou "o segredo de meu sucesso é Jesus", cada vez mais comuns, no contexto atual, representam uma ideologia que coloca em risco a própria religião, uma vez que, estando claro que nem todos os crentes alcançam o que querem, muitos se decepcionam com Deus e não mais o procuram. Ficam como que "vacinados" contra o Evangelho, pois têm a impressão de que já aderiram a ele e descobriram que se tratava de um engano. Não é dispensável alertar que os líderes religiosos que, conscientemente, geram essas expectativas nas pessoas, esperanças que sabem que não serão correspondidas de um modo mágico responderão diante de Deus por seus atos.

Se os bens de Deus não são materiais nem a realização de sonhos consumistas, o que são eles? Em primeiro lugar, *é seu amor mesmo*. Amor dado de maneira gratuita e incondicional, que atinge não apenas as emoções, mas a estrutura da pessoa. Amor que liberta dos complexos e das carências. Amor que plenifica o homem, para que ele não dependa de fazer sucesso para ser feliz.

Em segundo lugar, *a salvação*. A libertação do pecado e da morte. Muitas pessoas medem o tamanho de uma graça por seu resultado pragmático. Assim, consideram que no topo dessa hierarquia estão as grandes curas físicas ou os fenômenos incríveis. A salvação é, na verdade, a maior de todas as graças, aquilo que confere plenitude à pessoa, libertando-a das escravidões oriundas do mal.

Em terceiro lugar, o bem de Deus é *o Espírito Santo*. Sua ação capacita o homem para a conversão, pois outorga dons e frutos. A paciência, a paz, a temperança e a alegria estão entre eles. O Espírito Santo é a presença perene de Deus em cada pessoa, recordando sua identidade de filho e livrando-a da orfandade e da miséria espiritual.

É preciso ser inteligente. Quem se deixa levar por discursos falsos não alcançou ainda a sabedoria nem sabe discernir adequadamente. Ora, "feliz o homem que encontrou a sabedoria, que alcançou o entendimento. Ganhá-la vale mais do que a prata, seu lucro é mais do que o ouro" (Pr 3,13-14). Escolher a melhor parte, os verdadeiros bens, é a atitude daqueles que compreenderam as coisas novas, a realidade pascal.

INVOCAÇÃO DO ESPÍRITO SANTO

A "invocação do Espírito Santo" é uma oração muito antiga, derivada do hino *Veni Creator Spiritus*:

Vinde, Espírito Santo, enchei os corações dos vossos fiéis e acendei neles o fogo do Vosso Amor. Enviai o Vosso Espírito, e tudo será criado e renovareis a face da terra. Oremos: Ó Deus, que instruístes os corações dos vossos fiéis com a luz do Espírito Santo, fazei que apreciemos retamente todas as coisas, segundo o mesmo Espírito, e gozemos sempre da sua consolação. Por Cristo, Nosso Senhor. Amém.

V

Entrai pela porta estreita

A conversão

"Entrai pela porta estreita, porque largo e espaçoso é o caminho que conduz à perdição. E muitos são os que entram por ele. Estreita, porém, é a porta e apertado o caminho que conduz à vida. E poucos são os que o encontram." (Mt 7,13-14)

1. Mudar de cara não é mudar de vida

Há algum tempo venho observando como o conceito de mudança está sendo tratado nos meios de comunicação, sobretudo nos programas de auditório que vão ao ar nas tardes de domingo. Refiro-me as vezes em que os apresentadores escolhem uma pessoa comum – normalmente mulher, aparentemente pobre, feia e maltratada – e lhe oferecem alguns benefícios estéticos, prometendo-lhe vida nova. Seguem-se sessões de cabeleireiro, massagem, lipoaspiração, maquiagem e até pequenas cirurgias plásticas, que visam *transformar* a pessoa.

Depois de um bom "banho de loja", a sortuda é apresentada no palco como "nova", arrancando os aplausos e a admiração do auditório. Para realçar, coloca-se um "antes e depois", em que se escolhem a pior e a melhor foto e as emparelham, dando aquela sensação de passagem de uma condição ruim para outra melhor.

Tomei um susto quando, em um desses programas, a filha de uma felizarda exclamou: "Ela nasceu de novo!"

Essa frase explicitou a ideologia que está por trás desses quadros e que se alastra espantosamente no mundo contemporâneo: a ideia de que, mudando a aparência, muda-se a pessoa. Por isso, com muita frequência, vemos indivíduos alimentando sonhos de adequar-se a determinados padrões de beleza, corrigindo algum defeito estético, emagrecendo ou, simplesmente, tornando-se mais apresentável. A motivação é quase sempre a mesma: mudar de vida. Nos filmes e nas novelas, e até nas reportagens, multiplicam-se as personagens que "dão a volta por cima" por meio de uma transformação exterior. Com ela, tentam livrar-se da frustração de um casamento malsucedido, vencer a dor de uma traição ou adquirir visibilidade social. No fundo, buscam recuperar a autoestima e a própria dignidade.

Essa perspectiva de mudança a partir da aparência é uma *ilusão* que está sendo criada. O conteúdo desses quadros traduz a tendência atual de tratar as coisas com superficialidade, fugindo de toda consideração séria e todo aprofundamento das questões cruciais que envolvem a pessoa humana. Mudar alguns aspectos da vida pessoal, inclusive físicos, pode ser necessário. Entretanto a pessoa que não considerar sua realidade com profundidade pode estar caindo em um grande precipício, ou seja, deixando-se envolver por uma ideologia que a trata como se ela fosse apenas um corpo. Sua frustração será ainda maior quando descobrir que seus esforços foram insuficientes para trazer-lhe autoafirmação.

Certa vez, um doutor judeu, chamado Nicodemos, perguntou a Jesus: "Como pode um homem renascer sendo velho? Porventura pode tornar a entrar no seio de sua mãe e nascer de novo?" (Jo 3,4). Note-se que a mentalidade de Nicodemos era carnal e – podemos dizer – superficial. Foi contra ela que Jesus investiu: "Em verdade, em verdade te digo: quem não renascer da água e do Espírito não poderá ver o Reino de Deus" (Jo 3,5).

Renascer "da água e do Espírito" é uma expressão para indicar a verdadeira mudança, que se chama, na linguagem evangélica: conversão. Ela resulta do encontro pessoal com Jesus Cristo e, no princípio, pode se apresentar predominantemente de caráter comportamental, mas tende a ser uma renovação profunda, sendo ainda processual e contínua. A conversão é uma espécie de retribuição natural e espontânea ao amor de Deus; na verdade, uma exigência do coração de quem o experimentou.

> É descobrindo a grandeza do amor de Deus que nosso coração experimenta o horror e o peso do pecado e começa a ter medo de ofender a Deus pelo mesmo pecado e de ser separado dele. O coração humano converte-se olhando para aquele que foi traspassado por nossos pecados (CIC, 1432).

Sem a conversão, não se pode entrar no Reino de Deus, mesmo que a pessoa esteja bastante apresentável por fora. O apelo ao arrependimento, à fé e à mudança de vida é parte essencial da pregação de Jesus: "Cumpriu-se o tempo, e o Reinado de Deus aproximou-se: *convertei-vos* e crede no Evangelho" (Mc 1,15 – grifo nosso). No anúncio feito pela Igreja, esse apelo é, em primeiro lugar, para os que ainda não conhecem a Cristo e seu Evangelho. Mas é também uma solicitação contínua a soar na vida dos cristãos iniciantes e perseverantes. Movidos pela graça, eles devem responder ao amor misericordioso de Deus, que os amou primeiro (CIC, 545.1427-1428).

Infelizmente, os programas de auditório, aos quais me referi no início, não mostram os resultados subsequentes da transformação, que supostamente acontecem com os participantes do quadro. Não sabemos o que acontece com eles depois. Para falar a verdade, eu não gostaria de ver. Deve ser decepcionante que alguém seja recebido em seu meio social, totalmente novo por fora, mas o mesmo velho homem interior de sempre. Prefiro contemplar a conversão cristã. Uma mudança profunda, essa sim, é deslumbrante! Causa admiração! É resultado de uma ação direta de Deus junto a uma ativa participação humana. Esse tipo de alteração não se vê nos programas de domingo à tarde, mas pode ser visto nas tardes de domingo, nos lugares em que Deus mesmo é o produtor do espetáculo.

2. Estreita é a porta que conduz à vida

O apelo de Jesus à conversão e à penitência não visa, em primeiro lugar, às obras exteriores, mas à conversão do coração. A partir dela, é que a pessoa se sente impelida a expressar sua mudança por meio de sinais visíveis, gestos e obras. A conversão interior é uma reorientação radical de toda a vida, um retorno para Deus, uma ruptura com o pecado e, ao mesmo tempo, o desejo e a resolução de ser santo, com a esperança na misericórdia divina e a confiança na ajuda de sua graça (CIC, 1430-1431). Na experiência cristã, a conversão é uma atitude absolutamente necessária. Deve se transformar em uma busca pessoal a partir do momento em que se abraça a fé, prolongando-se até o último instante da vida.

Nesse processo, a pessoa deve estar muito ciente de que enfrentará dificuldades e provações, decorrentes de fatores internos e externos. Adverte o Eclesiástico (2,1-5):

> Filho, se te dedicares a servir ao Senhor, prepara-te para a prova. Endireita teu coração e sê constante, não te apavores no tempo da adversidade. Une-te a ele e não te separes, a fim de seres exaltado em teu último dia. Tudo o que te acontecer, aceita-o, e nas vicissitudes de tua pobre condição sê paciente; pois o ouro se prova no fogo, e os eleitos, no cadinho da humilhação.

O Evangelho também ressalta as dificuldades de santificar a vida quando utiliza a metáfora da porta estreita. Disse Jesus: "Entrai pela porta estreita, porque largo e espaçoso é o caminho que conduz à perdição. (...) Estreita, porém, é a porta, e apertado o caminho que conduz à vida" (Mt 7,13-14). Ao exortar que se opte pelo caminho mais difícil, Jesus está provocando uma reflexão sobre o que acarreta cada coisa. No mundo, há formas de pensar e agir aparentemente boas, mas que não conduzem à vida, e sim à morte. Coisas atraentes e sedutoras podem significar um caminho de desventura. Ao contrário, um maior esforço pode trazer bonanças.

Diz um ditado conhecido que "quem avisa amigo é". No Evangelho, é o próprio Jesus que está avisando sobre o destino final de quem opta por um ou outro caminho. Por isso, mesmo que inicialmente não entendamos algumas coisas a respeito, por exemplo, da moral cristã, ainda que esse caminho seja mais difícil, devemos obedecer ao Senhor, pois o fim da caminhada vai revelar que Ele está certo.

A conversão é "entrar pela porta estreita", escolher o caminho inicialmente mais difícil, porém com um fim favorável. Nesse sentido, converter-se é uma questão de escolha, uma opção que nós mesmos fazemos, claro, impulsionados pela graça divina. Todos nós temos de fazer escolhas na vida. Esta é uma das mais importantes e necessárias: escolher a porta estreita, ou seja, afastar-se da via fácil apontada pelo pecado e esforçar-se na busca dos valores e da mentalidade do Reino de Deus. Conforme adverte São Paulo, aqueles que ouviram a verdade e nela acreditaram não devem permanecer "na futilidade de seus pensamentos, com o entendimento entenebrecido, alienados da vida de Deus por sua ignorância e pela dureza de seus corações" (Ef 4,17b-18). Ao contrário, devem revestir-se do "homem novo", que é Cristo (cf. Ef 4,24).

Algo importantíssimo na vida de conversão é a prática dos mandamentos, também chamados de "Decálogo". Eles representam, por assim dizer, a porta estreita por onde devemos entrar no Reino dos Céus. A palavra "Decálogo" significa literalmente "dez palavras" que foram reveladas por Deus (cf. Ex 34,28; Dt 4,13; 10,4). São palavras de Deus de modo eminente (CIC, 2056). Os dez mandamentos resumem e proclamam a lei de Deus (CIC, 2058): "Ouve, ó Israel: O Senhor nosso Deus é o único Senhor! Portanto, amarás o Senhor teu Deus com todo o teu coração, com toda a tua alma e com toda a tua força" (Dt 6,4-5).

Quando perguntaram a Jesus qual seria o maior mandamento da lei, ele respondeu:

> Amarás ao Senhor, teu Deus, de todo o teu coração, de toda a tua alma e de todo o teu entendimento. Este é o maior e o primeiro mandamento.

> O segundo é semelhante a esse: amarás teu próximo como a ti mesmo. Desses dois mandamentos dependem toda a lei e os profetas (Mt 22,37-40).

Por conseguinte, o Decálogo deve ser interpretado à luz desse duplo e único mandamento da caridade, pois todos os preceitos – não cometerás adultério, não matarás, não furtarás, não cobiçarás etc. –resumem-se nessa sentença (CIC, 2055). São Paulo também adverte que "aquele que ama seu próximo cumpriu toda a Lei" (Rm 13,8b). E ainda: "A caridade não pratica o mal contra o próximo. Portanto a caridade é o pleno cumprimento da Lei" (Rm 13,10).

O Catecismo da Igreja Católica (n. 2063) afirma que o amor para com Deus e a justiça para com o próximo foram prescritos "a fim de que o homem não fosse nem injusto nem indigno de Deus". Destarte, a prática dos dez mandamentos prepara o homem para se tornar amigo do Senhor e ter um só coração com o próximo. Além disso, sua observância é a prova de que verdadeiramente conhecemos a Deus: "Aquele que diz 'eu o conheço', mas não guarda seus mandamentos, é mentiroso (...). Mas o que guarda sua palavra, nesse, verdadeiramente, o amor de Deus é perfeito" (1Jo 2,4-5a).

Indubitavelmente, o seguimento a Jesus Cristo inclui o cumprimento dos mandamentos (CIC, 2053). Todo cristão iniciante ou perseverante é interpelado a adotar o Decálogo como sua principal referência moral, sendo esse comportamento um dos principais passos na busca da conversão. Mesmo que algumas de suas exigências lhe pareçam difíceis de cumprir, deve recordar-se de que essa é a porta que conduz à vida. E que "aquele que guarda seus mandamentos permanece em Deus e Deus nele" (1Jo 3,24a).

É também o Catecismo da Igreja Católica (n. 2072) que chama a atenção para essa obrigatoriedade:

> Visto que exprimem os deveres fundamentais do homem para com Deus e para com o próximo, os dez mandamentos revelam, em seu conteúdo primordial, obrigações graves. São essencialmente imutáveis, e sua obrigação vale sempre e em toda parte. Ninguém pode dispensar-se deles.

A Igreja ensina que os homens alcançam a salvação, ordinariamente, pela fé, pelo batismo e pela observância dos mandamentos. Portanto os dez mandamentos compelem os cristãos, e o homem justificado está obrigado a observá-los (CIC, 2068). Cumprir o Decálogo é como permanecer na "videira", que é Cristo, como "ramo" dependente: "Eu sou a videira, e vós, os ramos. Aquele que permanece em mim e eu nele produz muito fruto, porque, sem mim, nada podeis fazer" (Jo 15,5). O fruto indicado nessa palavra é a santidade de uma vida fecundada pela união com Cristo. Quando cremos em Jesus Cristo, comungamos de seus mistérios e guardamos seus mandamentos; o Salvador mesmo vem amar em nós (CIC, 2074).

A conversão é uma obra da graça de Deus que reconduz nosso coração a Ele. Deus nos dá a força de começar de novo (CIC, 1432). Mesmo assim, esse processo comporta larga medida de voluntarismo, ou seja, é necessário que a pessoa decida tomar atitudes que a levem a se converter. Sobre essa necessidade de decidir – mais do que desejar – existe um exemplo no Evangelho: Jo 5,1-18. Recomendo ao leitor que consulte essa passagem bíblica antes de continuar.

A passagem narra a história de um homem que há trinta e oito anos não andava, pelo contrário, mantinha-se deitado em uma maca. Ele permanecia às margens da piscina de Betzatá, esperando o movimento das águas para tentar curar-se. Nunca conseguia, coitado! Certo dia, Jesus aproximou-se dele e perguntou: "Queres ficar curado?" Pergunta engraçada! É claro que o paralítico queria ficar curado! Estava ali para isso. Por que o Senhor lhe fez essa pergunta? Talvez, para que aquele homem *decidisse* ficar sadio e não apenas *desejasse* livrar-se da doença. São duas coisas diferentes. Uma coisa é desejar, outra coisa é decidir.

Precisamos *decidir* mudar de vida. Desejar, simplesmente, não basta. Jesus fez o paralítico ver que ele precisava resolver sair daquela situação. "Levanta-te!" (v. 8a), foi a ordem dada diante do lamento: "Senhor, não tenho quem me jogue na piscina" (v. 7). Foi como se dissesse: "Se queres ficar curado, então levanta-te, não fica esperando por outrem!" A decisão implica uma atitude pessoal, independente do auxílio alheio. Afinal de contas, "meu pai até agora está trabalhando" (Jo 5,17). Se, para salvar o homem, o próprio Deus não cessa seu labor, que direito tem esse mesmo homem de ficar parado?

Algumas coisas não podem ser adiadas. A conversão é uma dessas coisas. Dizendo doutro modo: o homem não pode demorar *a voltar*, porque corre o risco de perder de vista o lugar de origem. A origem do homem é Deus. A dureza de coração é que o afastou de casa. Mas chega um tempo em que surge a oportunidade de retornar. E esse tempo é agora, porque "agora é o tempo da salvação" (2Cor 6,1-2).

O lugar de origem para onde retornar pode ser comparado figurativamente com Caná (cf. Jo 2,1-12). Caná é um lugar místico, para onde todos deveriam voltar um dia. Em Caná, celebram-se bodas (v. 1), ou seja, é um lugar de festa. Festa do encontro e *para* o encontro. Caná lembra o novilho gordo que o pai matou para festejar a volta do filho pródigo (cf. Lc 15,23). Aquele filho também havia *decidido* voltar: "Levantar-me-ei e irei a meu pai" (Lc 15,18a).

A mãe de Jesus está em Caná, assim como o próprio Senhor (v. 1-2). Em Caná, encontram-se ternura e paz. Paz na atividade e no serviço. Em Caná, a água transforma-se em vinho (v. 9), vinho novo, cujo sabor se assemelha ao prazer de ser homem novo. São seis talhas grandes (v. 6). Cada talha comporta de oitenta a cento e vinte litros de vinho. A ação de Jesus inclui quantidade e qualidade, pois o vinho novo é melhor que o primeiro (v. 10).

Caná é onde os milagres começam a acontecer. Para lá, até Jesus voltou (cf. Jo 4,46) e realizou mais milagres (cf. Jo 4,54). Caná simboliza, portanto, o lugar para onde toda pessoa deve voltar e refazer-se, provando aí o vinho novo da conversão. Mesmo que esse retorno seja por um caminho estreito.

3. Vivamos uma vida nova

Um exemplo singular de conversão pode ser achado na experiência vivida por Saulo de Tarso, um homem que perseguia os cristãos e que, depois de ter se deparado com Jesus, mudou radicalmente sua vida. Paulo – assim veio a se chamar após sua adesão a Cristo – não colocou um verniz sobre sua já intensa atividade religiosa, mas foi completamente transformado pela ação divina. Vejamos como isso aconteceu:

> Saulo, respirando ainda ameaças de morte contra os discípulos do Senhor, dirigiu-se ao sumo sacerdote. Foi pedir-lhe cartas para as sinagogas de Damasco, a fim de poder trazer para Jerusalém, presos, os que lá encontrasse pertencendo ao Caminho, quer homens, quer mulheres. Estando ele em viagem e aproximando-se de Damasco, subitamente uma luz vinda do céu o envolveu de claridade. Caindo por terra, ouviu uma voz que lhe dizia: "Saulo, Saulo, por que me persegues?" Ele perguntou: "Quem és, Senhor?" E a resposta: "Eu sou Jesus, a quem tu estás perseguindo. Mas levanta-te, entra na cidade, e te dirão o que deves fazer" (...). Saulo ergueu-se do chão. Mas, embora tivesse os olhos abertos, não via nada. Conduzindo-o, então, pela mão, fizeram-no entrar em Damasco. Esteve três dias sem ver, e nada comeu nem bebeu" (At 9, 1-9).

A Escritura diz que Paulo "respirava" ameaças e morticínios contra os cristãos. A expressão quer enfatizar o que significava para ele perseguir discípulos de Jesus: motivo de viver, uma razão sem a qual não poderia subsistir. Paulo havia transformado aquela tarefa no sentido de sua vida. Sua obsessão era tão grande, que ele mesmo se apresentou ao Sumo Sacerdote do judaísmo pedindo cartas de recomendação que o autorizassem a prender cristãos em Damasco.

Porém nessa viagem aconteceu algo inusitado para ele: em certo ponto do caminho, uma luz o envolveu, e Paulo caiu por terra (não necessariamente de um cavalo). Além disso, ele ouviu uma voz que dizia, entre outras coisas: "Eu sou Jesus, é a mim que persegues" (v. 5b). A frase põe em relevo o fato de que tudo o que se faz aos discípulos por causa do nome de Jesus é ao próprio Senhor que se faz (BJ, p. 2064).

Esse encontro foi decisivo para a vida de Paulo, por causa desse novo conhecimento que ele adquiriu. Antes, ele procurava prender "cristãos", mas foi-lhe dado conhecer o que realmente acontecia: era a Jesus que Paulo perseguia. Diante de tal afirmação, ele poderia ter contra-argumentado, mas estava envolvido pela luz de Deus, que, geralmente, leva ao reconhecimento dos pecados. Foi por isso que Paulo não refutou. Pelo contrário, obedeceu à ordem de levantar-se e entrar na cidade, aguardando que lhe fosse dito o que deveria fazer depois do que experimentara.

Todo novo conhecimento geralmente conduz a uma mudança. Mas, quando esse conhecimento procede de uma iluminação divina, a mudança chama-se conversão. Conforme já dissemos, em sentido religioso, conversão é uma volta para Deus, retorno que deve ocorrer sem delongas. Há pessoas que adiam a conversão. Agem, portanto, na contramão do apelo divino. O exemplo de Paulo demonstra que é possível apressar o início desse processo.

Curioso que, após ser iluminado, Paulo ficou cego. Não é estranho? Não, porque isto é próprio da luz: ela pode iluminar, mas também pode cegar. Mas essa nova condição paulina tem um significado maior: aquele que se encontra pessoalmente com Jesus não percebe mais como antes nem as coisas nem as pessoas. Passa a enxergá-las sob a perspectiva da graça divina, podendo ficar "cego para o mundo". Na contramão, olha as realidades religiosas com maior positividade, passando, por exemplo, a gostar e compreender a missa, ler a Bíblia e dar crédito à doutrina da Igreja.

O encontro pessoal com Jesus proporciona um verdadeiro apaixonamento por Ele, um desejo intenso de segui-lo e amá-lo. Por causa disso, a pessoa parece cega, dando menos importância a coisas às quais, talvez, antes se dedicasse intensamente, como, por exemplo, a busca de bens materiais e sucesso. Seus principais valores são alterados, e, com base nesse novo modo de ver, ela inicia seu caminho de santificação.

Dizem que a paixão cega. Eu prefiro achar que ela *revela*. A fascinação pelo objeto apaixonante é que ofusca o olhar para os outros objetos. No caso em questão, a pessoa apaixona-se por Cristo, tornando-o único e predominante em sua experiência de vida. Por isso não hesita em abandonar aquilo que para ela antes era importante e valioso. É como um comerciante que procura pérolas finas; encontrando uma de grande valor, vende todas as outras para adquirir a que encontrou (cf. Mt 13,45-46).

Este foi o caso de Paulo: trocou toda a sua vida anterior por uma nova vida. Trocou seus projetos pessoais pela – por assim dizer – vida de Cristo. No episódio a caminho de Damasco, Paulo como que morreu e ressuscitou. Ficou três dias sem enxergar, sem comer e sem beber, lembrando a condição de uma pessoa morta. Recorda a morte e a ressurreição de Jesus (que aconteceu ao terceiro dia). A cegueira foi, portanto, o modo de Paulo "participar" da morte de Cristo; seu batismo, como a ressurreição. Pois, ao receber a imposição de mãos de

Ananias (cf. At 9,17), no mesmo instante, "caíram dos olhos de Saulo umas como escamas, e recuperou a vista" (At 9,18). Paulo traduziria isso mais adiante com as seguintes palavras: "Todos os que fomos batizados em Jesus Cristo fomos batizados em sua morte. Fomos, pois, sepultados com ele pelo batismo, para que, como Cristo ressurgiu dos mortos pela glória do Pai, assim nós também vivamos uma vida nova" (Rm 6,3-4).

Depois de recuperar a vista, Paulo também se alimentou (cf. At 9,19). Com base na experiência paulina, podemos concluir que, após o encontro pessoal com Jesus, toda pessoa precisa continuar nutrindo sua vida cristã, a fim de crescer cada vez mais em santidade. Elencamos a seguir alguns "alimentos" importantes, para que "vivamos vida nova".

Os *sacramentos* são meios privilegiados, por meio dos quais podemos nos aproximar da vida de comunhão com Deus. Com efeito, o Batismo traduz essa realidade da morte e ressurreição de Nosso Senhor, significando também a "morte e ressurreição" daquele que é batizado. As convenções sociais fizeram desse sacramento um simples rito de passagem, quando, na verdade, ele nos introduz em uma realidade divina, que implica dupla atitude de morrer para o mundo e ressuscitar para Deus. Assim, todo aquele que foi batizado está em Cristo. E quem está em Cristo "é uma nova criatura, passou o que era velho; eis que tudo se fez novo" (2Cor 5,17).

A Eucaristia, por sua vez, é fonte e ápice de toda a vida cristã, porque ela contém todo o bem espiritual da Igreja. Daí a importância de se participar da Missa. Jesus instituiu a Eucaristia para deixar aos discípulos uma garantia de seu amor, para nunca se afastar deles e, ainda, para fazê-los participantes de sua Páscoa (CIC, 1324.1337).

> Com efeito, a passagem de Jesus a seu Pai por sua morte e sua ressurreição, a Páscoa nova, é antecipada na ceia e celebrada na Eucaristia, que realiza a Páscoa judaica e antecipa a Páscoa final da Igreja na glória do Reino (CIC, 1340).

Além do Batismo e da Eucaristia, os outros sacramentos também nutrem a conversão. São eles: Crisma (ou confirmação), Penitência (ou confissão), Unção dos Enfermos, Matrimônio e Ordem. "Como forças que saem do corpo de Cristo, sempre vivo e vivificante, ações do Espírito Santo em seu Corpo, que é a Igreja, os sacramentos são as obras-primas de Deus na Nova e Eterna Aliança" (CIC, 1116). Eles são sinais que tornam presente (não repetem) a obra de salvação realizada por Cristo (BETTENCOURT, s/d). Todo cristão iniciante ou perseverante, que deseje crescer, deve usufruir desse tesouro instituído por Nosso Senhor.

Outro alimento necessário ao crescimento espiritual é *a oração*. A oração é a elevação da alma a Deus em espírito de humildade e contrição. A humildade é o fundamento da oração, pois não sabemos nem mesmo o que pedir (cf. Rm 8,26). O homem é um mendigo de Deus (CIC, 2559). Qualquer que seja a linguagem da oração (gestos e palavras), ela deve partir "do coração", ou seja, de nosso "centro escondido, inatingível pela razão". Em sentido bíblico, o coração "é o lugar da decisão, no mais profundo de nossas tendências psíquicas; é o lugar da verdade, onde nós escolhemos a vida ou a morte" (CIC, 2562).

Além de participar das orações comunitárias, na medida de sua obrigação e de seu tempo, a pessoa que deseja se converter deve reservar diariamente um tempo para a oração pessoal. O ideal é que seja de aproximadamente uma hora, mas pode ser menos, caso a pessoa não tenha como retirar um período assim. Que seja de vinte ou trinta minutos ao menos. Mais importante do que o tempo são a qualidade e a constância. Deve-se evitar o pior momento do dia, marcado pela pressa ou pelo cansaço; que seja, ao contrário, um tempo nobre, porque é reservado para o Senhor. E, além disso, que o orante seja perseverante, não desmarcando o encontro a não ser em circunstâncias graves.

Quando iniciei minha vida de oração pessoal, eu trabalhava durante o dia e estudava à noite. Consegui encaixar o momento com Deus entre 17h30 e 18h30 no intervalo entre o emprego e o colégio. Era o tempo que eu tinha, mas procurei ser fiel à oração todos os dias. Se surgisse alguma outra demanda, eu sabia que já tinha compromisso. Portanto não marcava nada naquele horário, a não ser que fosse realmente uma emergência. Se chegasse alguém a minha casa, minha mãe estava orientada para dizer que eu estava rezando; ela me chamava apenas se a pessoa insistisse, mas geralmente isso não acontecia. As atitudes podem parecer exageradas, porém, em se tratando de vida de oração, se não formos firmes e disciplinados, dificilmente chegaremos aonde Deus quer que cheguemos.

São também elementos importantes para a vida de oração:[10]

[10] Cf. COMUNIDADE REMIDOS NO SENHOR. *Intimidade com Deus*, p. 12.

a) Local: o lugar de rezar deve ser tranquilo, reservado e silencioso, capaz de promover a interiorização e o recolhimento necessário para se estar à vontade na presença de Deus, pois, para que se construa a intimidade com Ele, é conveniente se desvencilhar de tudo que possa provocar distrações ou interferências.

b) Horário fixo: considerando as atividades pessoais, é preciso escolher um horário fixo diário para a oração; esse horário escolhido é reservado unicamente para Deus; o fato de ser fixo ajuda a firmar o compromisso de rezar todos os dias.

c) Ambientação: organizar um espaço com símbolos que sejam uma expressão da presença divina facilita a oração; se possível, seja preparado um "cantinho de oração", com objetos devocionais: imagens, ícones ou vela acesa que introduzam a pessoa na oração e a façam permanecer nessa condição pelo tempo necessário.

d) Postura: é necessário evitar o comodismo na oração, procurando manter uma postura que facilite a interioridade e evite a dispersão ou distração. Quando oramos, oramos com todo o nosso ser, inclusive com nosso corpo, que deve expressar nossos sentimentos. Desse modo, é possível rezar de diversas maneiras: sentado, em pé, ajoelhado, prostrado, e essas posições podem ser alternadas, tendo-se o cuidado para evitar as posições que motivem a preguiça espiritual, o sono e a debilidade.

e) Diário espiritual: registrar o conteúdo da oração (as inspirações de Deus, a palavra bíblica utilizada etc.) é muito importante, pois esse registro funciona como uma espécie de memória, como uma fonte de incentivo e uma linha de orientação, especialmente nos momentos de aridez.

Além da oração, o cristão iniciante ou perseverante deve alimentar-se da Sagrada Escritura, ou seja, dedicar-se ao *conhecimento da Bíblia*. São João Crisóstomo chama Jesus de "nosso Moisés", pois assim como aquele líder hebreu feriu a rocha e fez brotar torrentes de água (cf. Ex 17,6), assim também – adverte o santo doutor – Jesus toca na mesa espiritual e faz jorrar as fontes do Espírito. Ora, esse alimento eterno, que está sob a mesa, é a Eucaristia, mas é também a Palavra (SOUSA, 2013). Conhecer a Bíblia é fundamental para que a pessoa cresça na fé, absorvendo cada vez mais a mentalidade e os valores do Evangelho.

O clássico método da *Lectio Divina* tem se demonstrado útil, oportuno e atual. Ele consiste em quatro passos a serem dados sequencialmente: leitura, meditação, oração e contemplação. Por meio da leitura, o orante conhece o que o texto diz em si mesmo, sendo importante aqui o mínimo de compreensão a respeito dos estilos literários e do contexto histórico, geográfico e cultural dos livros da Bíblia. Essa compreensão ajuda a evitar equívocos exegéticos ou mesmo que se atribua arbitrariamente à Escritura aquilo que ela efetivamente não diz. Portanto a leitura é um ato simples, visando ao entendimento genérico da mensagem tal como ela é.

A leitura deve ser atenta, pausada e respeitosa. Não há necessidade de ser um texto grande. Pode ser o trecho do evangelho indicado pela liturgia da Igreja ou a leitura sequenciada de um livro escolhido entre os do Antigo ou do Novo Testamento. Essa postura prepara uma melhor meditação, que é o segundo passo da *Lectio Divina*. Por meio dela, o orante descobre o que o texto diz diretamente a ele. Deus sempre tem uma mensagem pessoal importante, que pode ser percebida a partir de um único versículo ou de um aspecto particular do que se leu. Atingido por essa palavra, o orante deve nela se deter, procurando descobrir ainda mais seu significado vivencial, momento em que "outro livro está aberto: o da vida" (CIC, 2706).

A oração é o que o texto faz a pessoa expressar, uma espécie de resposta a Deus que pode ser de súplica, arrependimento, louvor, agradecimento, adoração etc. Esse é o momento, por assim dizer, mais espontâneo da *Lectio Divina*, uma vez que o orante faz aquilo que a Palavra nele suscita. A contemplação, enfim, é o instante em que, envolvida nessa escalada, a pessoa já percebe Deus *fazendo* algo nela. Por isso predominam o silêncio e o abandono, pois é como se o Senhor Deus "interrompesse" a oração para realizar sua vontade. Assim, no dizer do monge Guido II: "Buscai na leitura e encontrareis na meditação; batei pela oração e encontrareis pela contemplação".[11]

Por fim, é necessário ressaltar a importância que tem a *vida em comunidade* para os cristãos iniciantes e perseverantes. Pois aprouve a Deus "santificar e salvar

[11] A leitura orante da Bíblia é praticada desde os primeiros séculos do cristianismo, com o termo "lectio divina" sendo atribuído a Orígenes (185-254). No entanto, foi somente por volta de 1150 que o monge cartuxo Guido II sistematizou o método nessa escalada de quatro passos (cf. IRMÃO JACKSON. *Lectio Divina*. Disponível em *www.irnovajerusalem.com.br*. Consulta em 27 de junho de 2012).

os homens não singularmente, sem nenhuma conexão uns com os outros, mas constituí-los em um povo, que o conhecesse na verdade e santamente o servisse" (CIC, 781). Esse povo é a Igreja, onde os batizados se congregam e se ajudam mutuamente no enfretamento dos desafios cotidianos de "entrar pela porta estreita".

A comunidade é o lugar mais adequado para que o indivíduo persevere na vida de conversão e santidade. Daí a necessidade de participar comprometidamente das reuniões com diversos fins, especialmente aquelas que levam ao crescimento na fé. Além disso, buscar a boa convivência, praticando um amor fraternal sem hipocrisia, conforme adverte São Pedro: "Amai-vos uns aos outros ardorosamente e com o coração puro" (1Pd 1,22). Assim, todos os cristãos farão parte de um único Corpo – a Igreja – do qual a Cabeça é o próprio Jesus Cristo (cf. 1Cor 12,12-27).

OS DEZ MANDAMENTOS

1. Amar a Deus sobre todas as coisas
2. Não tomar seu Santo Nome em vão
3. Guardar domingos e festas de guarda
4. Honrar pai e mãe
5. Não matar
6. Não pecar contra a castidade
7. Não roubar
8. Não levantar falso testemunho
9. Não desejar a mulher do próximo
10. Não cobiçar as coisas alheias

VI

As portas do inferno não prevalecerão contra ela

A Igreja como sacramento do Reino de Deus

"E eu te declaro: Tu és Pedro e sobre essa pedra edificarei minha Igreja, e as portas do inferno não prevalecerão contra ela. Eu te darei as chaves do Reino dos Céus: tudo o que ligares na terra será ligado nos céus, e tudo o que desligares na terra será desligado nos céus." (Mt 16, 18-19)

1. Eu te darei as chaves do Reino dos Céus

Para realizar o plano de salvação do Pai, Nosso Senhor Jesus Cristo não só padeceu, morreu e ressuscitou, mas também tomou providências para que sua palavra fosse difundida em toda parte. Para isso, constituiu apóstolos e discípulos, por intermédio dos quais formou sua Igreja. A Igreja é o Reino de Cristo já misteriosamente presente na terra. É como uma construção, um edifício espiritual, que tem como fundamento os apóstolos e os profetas e o próprio Cristo como pedra principal (CIC, 763-764).

A palavra "Igreja" significa "convocação". Designa a assembleia daqueles que a Palavra de Deus convida e que, aceitando esse chamado, alimentam-se do Corpo de Cristo e ela mesma, a Igreja, torna-se Corpo do Senhor (CIC, 752). Com efeito, "os que creem em Cristo (...) são (...) constituídos em raça escolhida, sacerdócio real, nação santa, povo conquistado, que outrora não era povo, mas agora é povo de Deus" (LG, 9). Os membros desse povo tornam-se tais não por nascimento físico, mas pela fé em Cristo e pelo Batismo (CIC, 782).

Conforme já advertimos, aprouve a Deus santificar e salvar os homens não singularmente, mas reunidos em um povo. Por conseguinte, é equívoca a opinião daqueles que supõem poder vivenciar a fé individualmente – "em casa", dizem alguns – sem a comunhão com os outros cristãos. Jesus não ensinou assim. Conquanto existam práticas que dependam de cada pessoa, desde os primórdios do cristianismo a vida comunitária foi compreendida como algo essencial.

No texto bíblico em epígrafe, vemos Jesus referir-se a "minha Igreja" (pronome possessivo), ou seja, a uma espécie de redil do qual Ele mesmo é o Pastor e sobre o qual o poder do inferno não prevalecerá jamais. Os membros dessa Igreja são pastoreados por Cristo por intermédio dos Bispos, sucessores dos apóstolos.

> Mas, para que o mesmo episcopado fosse uno e indiviso, [Jesus] colocou o bem-aventurado Pedro à frente dos outros Apóstolos e nele instituiu o princípio e fundamento perpétuo e visível da unidade de fé e comunhão (LG, 18).

Nosso Senhor confiou a Pedro uma autoridade peculiar, designando-lhe "o poder das chaves", ou seja, o governo da casa de Deus. O ofício pastoral de Pedro é continuado pelo Papa, pois, se o edifício da Igreja deve ser duradouro, "também o há de ser seu fundamento; por conseguinte, as faculdades, que Jesus confere a Pedro, hão de ser transmissíveis a seus sucessores" (BETTENCOURT, s/d,

p. 80). Conforme afirma São Leão Magno (1995, p. 1246): "Assim como permanece o que Pedro acreditou acerca de Cristo, igualmente permanece o que Cristo instituiu na pessoa de Pedro". O poder de "ligar e desligar" significa a autoridade para perdoar os pecados, pronunciar juízos doutrinais e organizar a disciplina (CIC, 553.881).

O Catecismo da Igreja católica (n. 552) afirma que, entre os apóstolos, Pedro ocupa o primeiro lugar, pois Jesus confiou-lhe uma missão única: a de defender a fé e confirmar nela seus irmãos (cf. Lc 22,32). Do mesmo modo, o Papa (Bispo de Roma) tem primado sobre os outros Bispos. A autoridade destes está condicionada à união com aquele. O múnus de ligar e desligar também foi dado ao colégio dos apóstolos, se este estiver unido a seu chefe. Dessa maneira, a Igreja foi dotada de uma estrutura que permanecerá até a plena consumação do Reino (CIC, 765).

"Ligar" e "desligar" significa, na linguagem jurídica dos rabinos, "permitir" e "proibir" respectivamente (BETTENCOURT, s/d). Graças ao "poder das chaves", recebido de Cristo, é que a Igreja pode perdoar os pecados, todos eles, por mais graves que sejam, desde que o pecador esteja sinceramente arrependido (CIC, 981-982). Esse é um poder que Deus não deu nem aos anjos e que, se não existisse, "não existiria nenhuma esperança, nenhuma perspectiva de uma vida eterna e de uma libertação eterna" (CIC, 983).

O ensinamento de Jesus foi transmitido pelos apóstolos, chegando a várias partes do mundo no decorrer dos tempos. Esse serviço só foi bem executado porque Cristo dotou os pastores do carisma da infalibilidade. O Papa é infalível quando, na qualidade de pastor e doutor supremo da Igreja, delibera e define formalmente algo em matéria de fé ou de costumes (CIC, 890). Além disso, "a infalibilidade prometida à Igreja reside também no corpo episcopal quando este exerce seu magistério supremo em união com o sucessor de Pedro, sobretudo em um Concílio Ecumênico" (CIC, 891).[12]

A Igreja de Cristo é una, santa, católica e apostólica. É da própria essência da Igreja ser *una*, manifestando-se essa unidade nos vínculos visíveis de comunhão, a saber: a) a profissão de uma única fé recebida dos Apóstolos; b) a celebração comum do culto divino; c) a sucessão apostólica por meio do sacramento da Ordem (CIC, 813.815). Aos olhos da fé, a Igreja é indefectivelmente *santa*, porque Cristo uniu-se a ela e a santificou (CIC, 823). Já na terra, está ornada de verdadeira santidade, conquanto imperfeita (LG, 48). Apesar disso, todos os membros da Igreja, inclusive seus ministros, devem se reconhecer pecadores (CIC, 827).

A palavra "católica" significa "universal". A Igreja é *católica* no sentido de "totalidade", ou seja, ela é depositária da integralidade da fé e nela se encontra todos os bens necessários à salvação. Além disso, ela é enviada em missão por Cristo à universalidade do gênero humano (CIC, 831). Toda salvação vem de Cristo por meio da Igreja. "Por isso não podem salvar-se aqueles que, sabendo que a Igreja católica foi fundada por Deus por intermédio de Jesus Cristo como instituição necessária, apesar disso não quiseram nela entrar, ou então perseverar" (LG 14). Situação diferente é a daqueles que, sem culpa, desconhecem Cristo e a Igreja, a quem Deus pode levar à fé por caminhos desconhecidos (CIC, 847-848).

[12] "Ecumênico" aqui designa a reunião de bispos do mundo inteiro e não representantes de várias religiões.

A Igreja é *apostólica* por ter sido fundada sobre o fundamento dos apóstolos, testemunhas escolhidas e enviadas em missão pelo próprio Cristo, além disso, porque conserva e transmite os ensinamentos dos Doze. A Igreja continua a ser ensinada, santificada e dirigida pelos apóstolos, graças aos que a eles sucedem pastoralmente: o colégio dos Bispos, assistido pelos presbíteros e em comunhão com o Papa.

A Igreja subsiste em três estados: militante (aqueles que peregrinam ainda na terra), triunfante (os que já foram glorificados no céu) e "que se purifica" (as almas do purgatório). Em grau e modo diverso, todos participam da mesma caridade e estão unidos entre si, configurando o que se chama "comunhão dos santos", de sorte que aquilo que cada um faz ou sofre em Cristo e, por ele, produz frutos para todos (LG, 49; CIC, 961). Por isso acreditamos na intercessão dos santos, aqueles que são habitantes do céu e que, por isso, consolidam com mais firmeza na santidade toda a Igreja. Destarte:

> Eles não deixam de interceder por nós junto ao Pai, apresentando os méritos que alcançaram na terra pelo único mediador de Deus e dos homens, Cristo Jesus. Por conseguinte, pela fraterna solicitude deles, nossa fraqueza recebe o mais valioso auxílio (LG, 49).

A Sagrada Escritura corrobora essa doutrina ao narrar a seguinte visão do apóstolo São João:

> Veio outro anjo e pôs-se junto do altar, tendo nas mãos um turíbulo de ouro. Foram-lhe dados muitos perfumes, para que os oferecesse, com as orações de todos os santos, sobre o altar de ouro

> que está diante do trono. E a fumaça dos perfumes, *com as orações dos santos*, subiu diante de Deus pelas mãos do anjo (Ap 8,3-4 – grifo nosso).[13]

No contexto do livro do Apocalipse, "santos" designa não somente os que foram canonizados pela Igreja, mas também os demais fiéis que morreram na amizade de Deus e até aqueles que ainda caminham na terra. Isso significa que podemos contar com a intercessão uns dos outros, qualquer que seja o estado: militante, triunfante ou que se purifica.

É com base nessa compreensão que, desde tempos primevos do cristianismo, a Igreja venera com grande piedade a memória dos falecidos, oferecendo orações especialmente pelas almas que estão no purgatório. A Sagrada Escritura também legitima essa prática, quando narra o sacrifício que Judas Macabeu fez em favor dos mortos (cf. 2Mc 12,38-43). O autor bíblico conclui a narrativa elogiando o proceder de Judas nos seguintes termos:

> De fato, se ele não esperasse que os que haviam sucumbido iriam ressuscitar, seria supérfluo e tolo rezar pelos mortos. Mas, se considerava que uma belíssima recompensa está reservada para os que adormecem na piedade, então era santo e piedoso seu modo de pensar (2Mc 12,44-45a).

Constituída do modo como foi, sendo ela o próprio Corpo de Cristo, a Igreja só poderia ser indestrutível. É isso que significa "as portas do inferno não prevalecerão

[13] Cf. também Ap 5,8; 6,10.

contra ela". As portas eram antigamente o lugar mais fortalecido de um edifício ou de uma cidade (BETTENCOURT, s/d). A expressão significa, portanto, "o poder do Maligno". Conquanto invista contra a Igreja, Satanás jamais poderá vencê-la. Pelo contrário, ele é que será vencido por ocasião da vinda gloriosa do Senhor. Quanto à Igreja, ela será preparada com "linho resplandecente e puro" (cf. Ap 19,8), para quando chegarem "as núpcias do Cordeiro" (cf. Ap 19,7), realização perfeita da aliança entre Deus e seu povo.

2. É grande esse mistério

O início da Carta aos Efésios contém um hino cristológico muito rico que exprime um louvor transbordante. Sem tomar fôlego, Paulo celebra a expansão da graça de Deus Pai, que nos abençoou com bênçãos espirituais de toda sorte (TEB, p. 2266). Segundo o apóstolo, Ele nos escolheu, em Cristo, antes da fundação do mundo, para sermos santos e irrepreensíveis, filhos adotivos sob seu olhar de amor (cf. Ef 1,3-14). O beneplácito é tão grande e profundo que Paulo pede a Deus que dê aos Efésios (e, por extensão, a nós) um espírito de sabedoria que revele qual a riqueza e a herança das quais somos participantes (cf. Ef 1,17-18).

Na sequência, referindo-se ao poder do Pai operado em Jesus quando de sua ressurreição e ascensão, Paulo conclui: "Sim, ele pôs tudo sob seus pés e o outorgou, no ápice de tudo, como cabeça da Igreja, que é seu corpo, *a plenitude daquele que o próprio Deus repleta totalmente*" (Ef 1,22-23 – grifo nosso). O texto parece ser dominado, assim como Cl 1,19, pela afirmação de que a perfeição *reside* em Cristo (TEB, p. 2293), não necessitando este de nada para ser pleno. Entretanto nesses versículos a Igreja é chamada de "plenitude de Cristo". Por que ela é assim qualificada, causando a impressão de que faltaria algo em Jesus se não fosse a Igreja?

Os versículos são de difícil interpretação, suscetíveis de receber várias leituras (TEB, 2267). Entretanto parece claro que São Paulo quis ressaltar a íntima ligação entre Cristo e sua Igreja, união esta tão incontestável que o próprio Senhor como que perderia sua plenitude, caso da Igreja se separasse. Conquanto deva se evitar a tradução do termo *pleroma* (original grego) por "complemento" (TEB, p. 2267), não há dúvida de que a ideia de fundo é esta: não há mais Cristo sem a Igreja. Há, portanto, uma complementariedade exposta, com todas as nuances que isso pode significar.

Paulo apresenta essa realidade como se em Cristo faltasse algo antes de sua união com a Igreja, embora Nele residisse a própria plenitude. Mal comparado, pode-se compreender assim: como um homem que procura uma companheira adequada e sente-se incompleto enquanto não a encontra. O próprio Deus, portanto, só teria se "completado" quando achou aquela com quem se unir. O Catecismo da Igreja Católica (n. 795) referenda essa visão, quando afirma: "Cristo e a Igreja, eis, portanto, o 'Cristo total'. (...) Com efeito, uma vez que Ele é a Cabeça e nós somos os membros, o homem inteiro é constituído por Ele e por nós. A plenitude de Cristo é, portanto, a Cabeça e os membros".

Essa compreensão amplia a percepção a respeito de o quanto precisamos nos arraigar na Igreja para pertencer a Cristo; a necessidade que temos de ser um dos membros desse corpo, unidos a ele, evitando viver como um satélite fora de órbita, com a que poderia ser comparado um batizado não inserido. De fato, Jesus vive para sua Esposa, alimentando-a com sua Palavra e com a Eucaristia (BETTENCOURT, s/d). Somente arraigados na Igreja podemos ser nutridos para que sejamos salvos.

É verdade que a unidade entre Cristo e a Igreja implica também a distinção dos dois. Todavia essa simbiose/individuação se exprime justamente pela imagem do Esposo e da Esposa (CIC, 796). Na visão cristã, marido e mulher são uma unidade. Isso reforça a ideia de complementariedade, conquanto individualize os sujeitos. Com efeito, para demonstrar a relação entre Deus e seu povo, São Paulo remete-se justamente à relação original entre o primeiro homem e a primeira mulher (cf. Ef 5,21-33). O apóstolo enxerga no texto de Gênesis uma prefiguração profética da união de Cristo e da Igreja (BJ, p. 2203). Destaquemos os versículos 31 e 32 do capítulo cinco da carta aos Efésios: "Por isso deixará o homem seu pai e sua mãe e se ligará a sua mulher, e serão ambos uma só carne. É grande este mistério; refiro-me à relação entre Cristo e sua Igreja". A comparação é latente, com maior excelência sendo dada ao mistério revelado na plenitude dos tempos, a saber: a união da Cabeça aos membros, formando assim um único Corpo.

Cristo, portanto, tem uma esposa que foi tirada de seu lado aberto. Conforme afirma o Catecismo da Igreja Católica (n. 765):

> Pois do lado de Cristo dormindo na Cruz é que nasceu o admirável sacramento de toda a Igreja. Da mesma forma que Eva foi formada do lado de Adão adormecido, assim a Igreja nasceu do coração traspassado de Cristo morto na Cruz.

Diante da Igreja, podemos afirmar que Cristo também rejubila, assim como Adão: "Esta sim, é osso de meus ossos e carne de minha carne". Cristo como que encontrou sua "metade" e a ela se uniu total, exclusiva, irrevogável, fiel e fecundamente.

É, realmente, grande esse mistério! Como pode um ser subsistente buscar ainda uma plenitude? Deus resolveu "casar-se", constituindo uma união marcada por todas as exigências de um casamento, inclusive uma espécie de mútua dependência. Pois, a partir de então, nem mesmo a Cabeça pode dizer aos membros: "Eu não preciso de vós" (cf. 1Cor 12,21). Desde a revelação desse "mistério", qualquer tentativa de separar um do outro é categoricamente artificial: "Com efeito, o corpo é um e, não obstante, tem muitos membros, mas todos os membros do corpo, apesar de serem muitos, formam um só corpo. *Assim também acontece com Cristo*" (1Cor 12,12 – grifo nosso).

Pelo exposto, é que não se pode aderir a Cristo sem aderir igualmente à Igreja. Inclusive, porque seja a Cabeça a falar, sejam os membros, é sempre Cristo quem fala. Mesmo havendo duas pessoas diferentes, elas constituem uma só coisa no amplexo conjugal (CIC, 796). Não seria temerário afirmar que Deus não se entende mais a si próprio sem sua esposa. Que coisa louca! Aquilo que alguns cônjuges vivem e experimentam tão intensamente – a pertença mútua – é apenas uma figura da perfeita união matrimonial entre o divino e o humano.

Ficamos ainda mais admirados com essa realidade, quando recordamos que a Igreja somos todos nós e que o Filho de Deus está ligado intimamente a todos os seus santos: "Pois fomos todos batizados em um só Espírito para ser um só corpo (...). Ora, vós sois o corpo de Cristo e sois seus membros, cada um por sua parte" (1Cor 12,13.27). Todos os homens, pois, são chamados a essa católica unidade do Povo de Deus, mesmo que não se salvem aqueles que, embora incorporados à Igreja, não perseverem na caridade (CIC, 836-837).

A que dignidade Deus elevou sua Igreja! Se já constatamos nesse "mistério" uma graça incomensurável, imaginemos essa união na realidade escatológica. É por isso que aguardamos ansiosamente o tempo da renovação de todas as coisas, quando, juntamente com o gênero humano, o universo inteiro for restaurado em Cristo (LG, 48). Pois isso significará a consumação dessa esponsalidade misteriosa, o que nos tornará ainda mais felizes.

3. Questões particulares

Algumas questões particulares são propostas quando o assunto é a doutrina e os costumes da Igreja católica. Determinados pontos são postos em dúvida principalmente pelos cristãos evangélicos, chamados também de protestantes. Frequentemente, seus argumentos confundem os católicos, porque supostamente são baseados na Bíblia. Convém, portanto, que sejam abordados aqui ao menos algumas dessas mesmas questões.

Inicialmente, é necessário que se diga que a Igreja católica não se baseia apenas na Bíblia para definir sua doutrina (DV, 9). Ela também recebe e reverencia a Sagrada Tradição, isto é, a *pregação oral* transmitida pelos apóstolos, "aquelas coisas que ou receberam das palavras, da convivência e das obras de Cristo ou aprenderam das sugestões do Espírito Santo" (CIC, 76). O ensinamento dos Santos Padres (primeiros escritores cristãos) é um exemplo do esplendor dessa Tradição, cuja riqueza entra na prática e na vida da Igreja (CIC, 78)

A Sagrada Escritura e a Sagrada Tradição "são como um espelho no qual a Igreja, peregrina na terra, contempla a Deus, de quem tudo recebe" (DV, 7). As duas estão intimamente ligadas entre si, constituindo um só depósito. Foi mediante a Tradição que a Igreja conheceu o cânon inteiro dos livros sagrados (DV, 8). Em outras palavras: ficamos sabendo quais os livros inspirados ou não por meio da pregação oral dos apóstolos. Isso significa que a cobrança "me mostre na Bíblia" não tem razão de ser, porque a própria Bíblia foi engendrada pela Tradição.

A Igreja Católica também entende que a Bíblia não é para ser livremente interpretada. O encargo de explicar autenticamente a Palavra de Deus escrita "foi confiado unicamente ao Magistério vivo da Igreja, cuja autoridade se exerce em nome de Jesus Cristo" (CIC, 85). Obviamente, esse magistério não está acima da Bíblia nem da Tradição, mas sim a seu serviço, ensinando apenas o que foi transmitido. Os católicos, portanto, devem ter a convicção de que:

> A sagrada Tradição, a sagrada Escritura e o magistério da Igreja, segundo o sapientíssimo desígnio de Deus, de tal maneira se unem e se associam que um sem os outros não se mantém, e todos juntos, cada um a seu modo, sob a ação do mesmo Espírito Santo, contribuem eficazmente para a salvação das almas (DV, 10).

Esse pressuposto já deveria suprimir metade de nossas eventuais dúvidas, porque para nós católicos é o Magistério da Igreja que interpreta corretamente a Sagrada Escritura, considerando, entre outras coisas, o contexto, o estilo literário, bem como o conjunto da Revelação Cristã, ou seja, aquilo que também foi revelado mediante a Sagrada Tradição.

Um bom exemplo disso é a questão do *uso de imagens*. Normalmente, os católicos são criticados porque o mandamento divino no Antigo Testamento incluía a proibição das representações de Deus por mão de homem (CIC, 2129). Assim, não seria lícita a prática iconográfica, constituindo-se esta em uma espécie de idolatria, conforme está escrito: "Não farás para ti ídolos ou coisa alguma que tenha a forma de algo que se encontre no alto do céu, embaixo na terra ou nas águas debaixo da terra" (Ex 20,4).

A Igreja entende que passagens como essa devem ser interpretadas à luz de seu contexto. Israel estava rodeado de povos pagãos que utilizavam imagens para representar seus deuses, prostrando-se diante deles, adorando-os em lugar do verdadeiro Deus. O versículo que acabamos de citar está antecedido da seguinte ordem: "Não terás outros deuses diante de mim" (Ex 20,3). E sucedido pelo imperativo: "Não te prosternarás diante desses deuses e não os servirás, porque eu sou o Senhor, teu Deus" (Ex 20,5a). A contextualização demonstra, portanto, que o mandamento não visa proibir a fabricação de qualquer tipo de imagem, mas especificamente daquelas que substituem a divindade verdadeira.

Isso fica ainda mais claro quando constatamos que Deus, já no Antigo Testamento, ordenou ou permitiu a instituição de imagens, como é o caso da serpente de bronze (cf. Nm 21,4-9), da Arca da Aliança (cf. Ex 25,10-22) e dos querubins do templo (1Rs 6,23-28). Na verdade, Deus foi o primeiro a "fabricar" uma imagem, quando fez o homem à sua semelhança (cf. Gn 1,27). No Novo Testamento, não há nenhum tipo de proibição ao uso de estátuas, mantendo-se a ressalva acerca dos ídolos e da idolatria (cf. 1Jo 5,21; 1Cor 6,10).

A Igreja entende também que a Encarnação do Filho de Deus inaugurou uma nova postura com relação às imagens. Visto que o Verbo se fez carne, o rosto de Deus, que é o rosto humano de Jesus, pode ser representado. O uso legítimo da iconografia foi reconhecido desde o século VII, mediante a convicção de que quem venera uma imagem venera nela a pessoa que está pintada; e que isso não significa uma adoração (CIC, 476.1159).

Passemos a uma segunda questão particular: o *celibato sacerdotal*. Nessa matéria, interroga-se o porquê de os padres não se casarem, uma vez que o casamento é considerado um grande bem pela própria Igreja. Segundo uma visão reducionista, isso estaria na origem de alguns escândalos sexuais provocados por ministros ordenados. Reducionista porque, se o matrimônio fosse solução para esse tipo de problema, conflitos sexuais seriam um "privilégio" das pessoas virgens.

O celibato é uma instituição neotestamentária. Foi o próprio Jesus que deu sentido à virgindade, vivendo-a ele mesmo e justificando-a como um testemunho de pertença indivisa ao Reino de Deus: "Porque há eunucos que o são desde o ventre de suas mães; e há eunucos tornados tais pelas mãos dos homens, e há eunucos que a si mesmos se fizeram eunucos *por amor do reino dos céus*

(Mt 19,12 – grifo nosso). Literalmente, "eunuco" significa um homem castrado. No contexto, Jesus refere-se às pessoas que escolhem o celibato como estado de vida, entre as quais se incluem os padres.

No Novo Testamento não faltam citações e exemplos que referendam o celibato. Um bom testemunho é o de São Paulo, que esclarece:

> Aos solteiros e às viúvas, digo-lhes que é bom se permanecerem assim, como eu. Estás casado? Não procures desligar-te. Não estás casado? Não procures mulher. Mas, se queres casar-te, não pecas. Todavia, padecerão as tribulações da carne; e eu quisera poupar-vos. Quisera ver-vos livres de toda preocupação. O solteiro cuida das coisas que são do Senhor, de como agradar ao Senhor. O casado preocupa-se com as coisas do mundo, procurando agradar sua esposa (1Cor 7,8.27-28.32-33).

Em Lucas 18,29-30, Jesus parece prever que muitos iriam adotar esse estado de vida: "Em verdade vos declaro, ninguém há que tenha abandonado, por amor do Reino de Deus, sua casa, *sua mulher*, seus irmãos, seus pais ou seus filhos, que não receba muito mais neste mundo e no mundo vindouro a vida eterna" (grifo nosso). Quando Jesus fala em abandonar a mulher e os filhos, certamente não está se referindo às pessoas casadas que deixam suas famílias, mas àqueles que optaram por não se casarem para melhor servir. É por isso que a Igreja considera o celibato uma "maneira eminente de se dedicar mais facilmente a Deus com um coração não dividido" (CIC, 2349).

O *batismo de crianças*, praticado pela Igreja católica desde muito tempo, também recebe críticas. Argumenta-se que os bebês não têm consciência do que estão auferindo, portanto não estariam aderindo a Cristo livremente. Ademais, Jesus foi batizado quando adulto; sua experiência no Jordão deveria ser, portanto, o paradigma a ser adotado por todos aqueles que se tornarem cristãos.

A prática da Igreja Católica decorre do fato de que o batismo é uma coisa boa, o dom da vida nova. Assim sendo, não deve ser negado às crianças. Nestas, aliás, também existe o pecado original. Portanto elas necessitam do batismo para obterem a vida na graça. É por meio desse sacramento que é lançada na alma da criança a semente da fé, que deve ser zelada e protegida pelos pais, padrinhos e pela própria comunidade na qual ela é inserida, a fim de que possa crescer e produzir frutos.[14]

Os pais católicos fazem batizar seus filhos porque os querem cristãos, tendo o dever de educá-los na fé; dever este assumido quando se comprometeram no matrimônio. Não é lícito assumir a atitude de, "quando crescer, ele escolhe", porque os pais têm responsabilidades educativas para com seus filhos, devendo iniciá-los desde cedo naquilo que acreditam ser um bem: religião, escola, valores etc. Ao administrar o sacramento do batismo aos pequenos, a Igreja confia que os pais irão instruí-los tanto por palavras quanto pelo testemunho de vida. De resto, se mais adiante a criança escolher outro caminho religioso, o batismo não lhe terá deixado nenhum malefício.

E *confessar-se com um padre*? Algumas pessoas consideram que isso não seria necessário, uma vez que quem perdoa os pecados é Deus. Além disso, todo padre é um

[14] Cf. PROVÍNCIA ECLESIÁSTICA DE ALAGOAS, *O caminho*, p. 212.

pecador como os outros homens; como poderia ele ministrar o perdão? Obviamente, essa resistência provém, em grande medida, de certo desconforto causado pela acusação dos pecados diante de outra pessoa. A vergonha de dizer as faltas cometidas a alguém pode levar muita gente a preferir uma confissão "diretamente a Deus" ou "confissão comunitária".

O argumento daqueles que se recusam a se dirigir ao sacerdote não se sustenta. Assim como um médico não precisa ser absolutamente sadio para cuidar dos doentes, também um padre não precisa ser imaculado para perdoar os pecados. A situação de constrangimento, por sua vez, pode ajudar a exercitar a virtude da humildade. Mais difícil deve ser para o padre ouvir um tanto de coisa ruim, sobretudo quando atende a confissão de vários fiéis em sequência. Em algumas ocasiões, os pecados confessados já são conhecidos de todos. Não seria melhor sentir vergonha de pecar?

Biblicamente falando, não há dúvida quanto ao fato de Jesus transmitir aos apóstolos o poder de perdoar pecados em seu nome: "Aqueles a quem perdoardes os pecados, ser-lhe-ão perdoados" (Jo 20,23). Em última análise, é Deus quem perdoa. Porém a vontade de Cristo é que a Igreja seja o sinal e o instrumento desse perdão (CIC, 1442). Na Sagrada Escritura há também outras passagens que justificam o uso da confissão sacramental tal como ela é praticada na Igreja católica. Por exemplo: "Confessai, pois, vossos pecados uns aos outros" (Tg 5,16a). E ainda:

> João, o batizador, apresentou-se no deserto, proclamando um batismo de conversão para o perdão dos pecados. Toda a região da Judeia e to-

dos os habitantes de Jerusalém acorriam a ele; faziam-se batizar por ele no Jordão, *confessando seus pecados* (Mc 1,4-5 – grifo nosso).

O pecado grave afasta a pessoa não só de Deus, mas também da Igreja, porque rompe a comunhão com a comunidade. Para se reaproximar de um e de outro, é necessário pedir perdão a ambos. O sacerdote, ao mesmo tempo em que age "na pessoa de Cristo", representa também a Igreja, estando apto para aceitar a confissão e dar a absolvição. Conforme afirma o Catecismo da Igreja católica (n. 1455): "Pela acusação, o homem encara os pecados dos quais se tornou culpado: assume a responsabilidade deles e, assim, abre-se de novo a Deus e à comunhão da Igreja".

Por fim, façamos referência às *ofertas materiais* que todos os cristãos devem fazer para a Igreja. Essa questão apresenta dificuldades, porque, às vezes, envolta em desconfianças. Entretanto não é difícil compreender que uma instituição, qualquer que seja, precisa de recursos financeiros para levar a cabo seus objetivos, na maioria das vezes, dependendo de seus membros para isso. Tal como praticada em religião, a oferta reveste-se de particular sacralidade, exprimindo a gratidão do homem ao próprio Deus. Basta lembrar de Caim e Abel que ofereceram cada qual um sacrifício a Deus, primícias de seu trabalho (cf. Gn 4,3-4). A primeira vez que se ouve falar de "dízimo" na Sagrada Escritura é quando Abraão dá a décima parte de seus bens a Melquisedeque, "rei de Salém e Sacerdote do Deus Altíssimo" (cf. Gn 14,17-19).

O Catecismo da Igreja Católica (n. 1351) deixa claro que "os fiéis cristãos têm (...) a obrigação de atender, cada um segundo suas capacidades, às necessidades materiais da Igreja" (CIC, 2043). A forma como a questão é exprimida indica que o donativo depende do volume de recursos da pessoa e que esta deve fazer sua oferta gratuita e espontaneamente. Mas, por outro lado, é uma "obrigação", ou seja, não pode ser encarada simplesmente como algo que o fiel faz quando é possível ou quando sobra, mas como um compromisso assumido.

No tempo de Jesus, havia no judaísmo o pagamento de dízimos. Nosso Senhor não condenou esses pagamentos, apenas criticou o fato de alguns o fazerem sem a correção moral e a caridade:

> Pagais o dízimo da hortelã, do endro e do cominho e desprezais os preceitos mais importantes da Lei: a justiça, a misericórdia, a fidelidade. Eis o que era preciso praticar em primeiro lugar, *sem, contudo, deixar o restante* (Mt 23, 23 – grifo nosso).

Entrementes, Jesus elogiou uma viúva que depositou duas moedinhas no cofre de esmolas do templo de Jerusalém, ressaltando assim o valor da gratuidade e do despojamento: "Verdadeiramente, eu vos digo, esta viúva pobre depositou mais do que todos os outros. Pois todos eles tiraram de seu supérfluo (...), mas ela tirou de sua miséria" (Lc 21,3-4).

Os membros das primeiras comunidades cristãs partilhavam seus bens segundo as necessidades comunitárias e conforme o "impulso do coração" (cf. At 2,45;5,4; 2Cor 9,7). A motivação principal era o sentido de pertença, ou seja, aquele envolvimento totalizante que o fiel tinha com a Igreja e com sua missão. Desde o início, os cristãos levavam bens materiais para a celebração da Eucaristia e os ofereciam, com o pão e o vinho, para que fossem repartidos com os necessitados (CIC, 1351). Nesse costume tem origem a "coleta" que ainda hoje é feita durante o ofertório das missas.

Enfim, a oferta material não deve ser vista como uma espécie de investimento, na expectativa de receber bens materiais da parte de Deus. Tampouco, como uma simples filantropia. E, sim, como uma partilha, uma expressão da entrega total de si que o cristão faz a Deus. O modo como a pessoa se comporta nessa matéria – pródiga ou mesquinhamente – diz muito acerca de seu nível de pertença à comunidade e de seu comprometimento com o Senhor e com a evangelização.

O CREDO

Creio em Deus Pai Todo-Poderoso, criador do céu e da terra,

e em Jesus Cristo, seu único Filho, nosso Senhor,

que foi concebido pelo poder do Espírito Santo,

nasceu da Virgem Maria, padeceu sob Pôncio Pilatos,

foi crucificado, morto e sepultado, desceu à mansão dos mortos, ressuscitou ao terceiro dia,

subiu aos céus, está sentado à direita de Deus Pai Todo-Poderoso,

donde há de vir a julgar os vivos e os mortos.

Creio no Espírito Santo, na Santa Igreja católica,

na comunhão dos santos, na remissão dos pecados,

na vida eterna. Amém.

VII

Estabelecei o direito à porta

A doutrina social da Igreja

"Odiai o mal e amai o bem, estabelecei o direito à porta; talvez Iahweh, Deus dos Exércitos, tenha compaixão do resto de José." (Am 5,15)

1. Doutrina social da Igreja: o que é e como se formou

Os cristãos vivem no mundo, quanto a isso não há dúvida. Desde os primeiros séculos de sua existência, eles "não se diferenciam dos outros homens nem pela pátria nem pela língua, nem por um gênero especial de vida; (...) seguem os costumes da terra quer no modo de vestir, quer nos alimentos que tomam, quer em outros usos".[15] Por isso o Magistério da Igreja sempre se preocupou em orientar os fiéis a respeito dos princípios fundamentais que devem reger a vida de uma coletividade.

Conquanto tenha uma missão distinta da incumbência das autoridades civis, a Igreja se ocupa com aspectos temporais do bem comum. Por isso ela emite juízo moral também em matéria política, econômica e social, quando o exigem os direitos fundamentais da pessoa ou a salvação das almas. O conjunto dessas orientações é o que chamamos "doutrina social da Igreja" (DSI). Ela deve inspirar a conduta dos católicos, na medida em que

[15] CARTA a Diogneto. In. *Liturgia das Horas*, v. II, p. 757.

propõe princípios de reflexão, apresenta critérios de juízo e orienta para a ação (CIC, 2423).

> O objeto da doutrina social da Igreja é essencialmente o mesmo que constitui e motiva sua razão de ser: o homem chamado à salvação e como tal confiado por Cristo à cura e à responsabilidade da Igreja. Com a doutrina social, a Igreja se preocupa com a vida humana na sociedade, ciente de que da qualidade da experiência social, ou seja, das relações de justiça e de amor que a tecem, depende de modo decisivo a tutela e a promoção das pessoas, para as quais toda comunidade é constituída (Comp DSI, 81).

O ensinamento social da Igreja não foi concebido como um sistema orgânico, mas desenvolveu-se pouco a pouco, com progressivos pronunciamentos do Magistério sobre os temas sociais. De modo mais específico, a DSI se formou nos séculos XIX e XX, durante a consolidação da chamada "sociedade moderna". No fim do penúltimo século, a Revolução Industrial Inglesa expandia-se por toda a Europa e pelos Estados Unidos, tomando proporções assustadoras, dando início a uma nova estrutura de produção de bens de consumo e uma nova concepção de economia, de Estado, de formas de trabalho e de propriedade (CIC, 2421 e 2423). Os pobres ficaram em situação muito precária, por causa da exploração salarial, das horas excessivas de labor e das condições subumanas de alimentação e moradia.

Na mesma época, surgiram os chamados *movimentos sociais do século XIX*, entre os quais estão: o cartismo, o socialismo utópico, o sindicalismo e o anarquismo (PAZZINATO & SENISE, 1993).[16] Apesar de esses movimentos terem tido repercussões significativas, nenhum deles cresceu tanto quanto o *socialismo científico*, doutrina econômica formulada pelo judeu alemão Karl Marx em parceria com Friederich Engels. Marx e Engels sustentavam que os proprietários dos meios de produção e o proletariado eram, originalmente, duas classes antagônicas e inconciliáveis e que os trabalhadores deveriam se organizar e lutar para derrubar o Estado burguês, implantando assim um novo regime – o socialismo – no qual seria praticamente abolida a propriedade privada.

O socialismo científico tornou-se um dos grandes relatos da modernidade, constituindo um sistema econômico em manifesta oposição ao capitalismo e acirrando o clima de ebulição social vigente na época. A Igreja pronunciou-se oficialmente a respeito disso por meio de um documento, escrito em 15 de maio de 1891, pelo papa Leão XIII: a Encíclica *Rerum Novarum*. Partindo da observação daquele momento histórico, especialmente no que diz respeito à sorte dos operários, o leonino pontífice valeu-se da tradição da Igreja e dos escritos de São Tomás de Aquino para criticar os dois sistemas e apontar soluções que tinham a pretensão de ajudar a refazer a ordem social.

A *Rerum Novarum* serviu de referência para as subsequentes cartas papais da área. Quarenta anos depois, foi publicada a *Quadragésimo Anno*, de Pio XI. João XXIII escreveu a *Mater et Magistra* (1961) e a *Pacem in Terris* (1963). Paulo VI publicou a *Populorum Progressio* (1967)

[16] Para uma descrição breve a respeito desses quatro movimentos, cf. SOUSA, Ronaldo José de. *Ide às encruzilhadas*: doutrina social, renovação carismática e opção pelos pobres. Aparecida: Santuário, 2003.

e a *Octogésima Adveniens* (1971). João Paulo II elaborou três: *Laborem Exercens* (1981), *Sollicitudo Rei Socialis* (1987) e a *Centesimus Annus*, esta última em comemoração aos cem anos da *Rerum Novarum*, portanto em 1991. Podemos incluir no conjunto da doutrina social da Igreja, ainda, a *Laudato si'* (2015) do papa Francisco e, além disso, foi elaborado em 2004, pelo Pontifício Conselho "Justiça e Paz", um compêndio que resume o ensinamento do Magistério eclesial nessa matéria.

Vamos expor aqui, sinteticamente, o conteúdo das cartas papais da *Rerum Novarum* até a *Centesimus Annus*. Elas constituem, por assim dizer, um "ciclo magisterial", que se iniciou, conforme já dissemos, com o desenvolvimento do socialismo científico e foi concluído precisamente no momento histórico de sua maior derrocada, com o desmoronamento do sistema no leste europeu e, principalmente, na ex-União Soviética. O leitor notará que essas cartas contêm o material com o qual se forjou o pensamento social católico, cujos fundamentos serão expostos na parte seguinte.

Na *Rerum Novarum* uma das principais preocupações de Leão XIII é censurar tanto o socialismo quanto o capitalismo selvagem. O pontífice considera vergonhoso e desumano usar dos homens como vis instrumentos de lucro e, por outro lado, acusa os socialistas de instigarem "nos pobres o ódio invejoso contra os que possuem e pretenderem que toda propriedade de bens particulares deva ser suprimida" (LEÃO XIII, 1965, p. 11).

As citações que seguem sobre o socialismo e o capitalismo, respectivamente, resumem as razões pelas quais Leão XIII não concorda com nenhum dos dois sistemas:

> Mediante essa transladação das propriedades e esta igual repartição das riquezas (...) [os socialistas] lisonjeiam-se de aplicar um remédio eficaz aos males presentes. Mas semelhante teoria, longe de ser capaz de pôr termo ao conflito, prejudicaria o operário se fosse posta em prática. Outrossim, é sumamente injusta, por violar os direitos legítimos dos proprietários, viciar as funções do Estado e tender para a subversão completa do edifício social (p. 11).

> Duma maneira geral, recordem-se o rico e o patrão de que explorar a pobreza e a miséria e especular com a indigência são coisas igualmente reprovadas pelas leis divinas e humanas; que cometeria um crime de clamar vingança ao céu quem defraudasse a qualquer pessoa do preço de seus labores (p. 24).

A crítica de Leão XIII ao marxismo aparece também quando ele analisa a questão da luta de classes:

> O erro capital na questão presente é crer que as duas classes são inimigas natas uma da outra, como se a natureza tivesse armado os ricos e os pobres para se combaterem mutuamente num duelo obstinado. Isto é uma aberração tal, que é necessário colocar a verdade numa doutrina contrariamente oposta, porque, assim como num corpo humano os membros, apesar de sua diversidade, adaptam-se maravilhosamente uns aos outros (...), na sociedade, as duas classes estão destinadas (...) a unirem-se harmonicamente e conservarem-se em perfeito equilíbrio (p. 22).

A *Quadragésimo Anno* foi publicada em 15 de maio de 1931, pelo papa Pio XI. A encíclica avalia a evolução das questões sociais durante os quarenta anos que se seguiram à *Rerum Novarum*. Pio XI reafirma que nenhuma forma de socialismo (extremista ou moderada) pode se conciliar com o cristianismo, sobretudo porque, em qualquer um de seus modelos, o sistema ignora o aspecto transcendente do homem.

Pio XI declara legítimo o regime salarial, lembrando que muitos só dispõem dessa fonte de renda e que, por isso mesmo, o salário deve ser adequado às necessidades da família. O Papa também defende a ideia de que a sociedade deve criar condições para que o trabalhador tenha a oportunidade de emancipar-se da condição de proletário e ter alguma participação na propriedade. Neste particular, é preciso fazer valer a função social da propriedade privada e efetivar a colaboração entre o capital e o trabalho.

A *Mater et Magistra* foi escrita pelo papa João XXIII. O contexto dessa encíclica é a ordem econômica internacional pós-Segunda Guerra Mundial, depois da qual se manifestam mais intensamente as desigualdades entre países ricos e países pobres. João XXIII apregoa a solidariedade entre as nações, sugerindo que o supérfluo dos países desenvolvidos seja utilizado para ajudar na reconstrução da economia dos países subdesenvolvidos. A encíclica também tece considerações sobre as desigualdades existentes na economia interna dos países. O enfoque mais importante é sobre a superpopulação e o subdesenvolvimento. É a *Mater et Magistra*, ainda, que trata amplamente da questão dos trabalhadores rurais, que, em número cada vez maior, emigravam para as cidades, criando verdadeiros aglomerados humanos periféricos.

João XXIII também escreveu a *Pacem in Terris*, considerando o perigo de uma guerra nuclear. Nela, o joanino pontífice pede o fim da corrida armamentista, o respeito às minorias e o reconhecimento dos direitos dos refugiados políticos. Além disso, ele discute a questão da autoridade nacional, admitindo que o governo *em si* não é apenas legítimo, mas também necessário. Porém nem todo governo o é. A autoridade perde sua legitimidade quando contradiz as normas da justiça e da Lei de Deus. Na *Pacem in Terris*, João XXIII recomenda que os católicos deem sua parcela de contribuição à sociedade, atuando também na economia e na política.

Sob o pontificado de Paulo VI, foi publicada a *Populorum Progressio*. Essa encíclica é muito rica de conteúdo: trata da questão da desigualdade e da solidariedade entre os povos. Para Paulo VI, os problemas de um país não são só dele, pois, mais cedo ou mais tarde, acabam repercutindo no mundo inteiro, seja pela emigração, seja pelos conflitos sociais que geram exílio político, ou mesmo por uma espécie de "vergonha mundial" gritante, por causa das desigualdades. Por isso ele adverte que os países ricos assistam os mais pobres e, além disso, façam contratos comerciais justos e criem um fundo mundial para auxiliar os povos deserdados.

Nessa encíclica, Paulo VI também introduz a ideia de "desenvolvimento integral do homem". Para ele, existe uma relação intrínseca entre a vida material e a espiritual. A miséria pode ofuscar a compreensão humana do eterno e levar ao pecado. Por outro lado, a riqueza fixa o homem no que é temporal, desconsiderando seu destino transcendente. Desenvolvimento integral do homem é o crescimento harmônico em todos os níveis: material, intelectual, espiritual. A promoção humana não deve ser entendida apenas como progresso material, o que poderia redundar em uma servidão da matéria.

Na *Populorum Progressio* são feitas, ainda, as seguintes proposições:

a) A possibilidade de expropriação, caso a propriedade privada apresente dimensões fora da realidade da sociedade em que se encontra, seja inaproveitada ou, ainda, mal aproveitada, ferindo seu papel social: "Ninguém está autorizado a reservar para seu uso exclusivo o que ultrapassa suas necessidades enquanto outros carecem do necessário" (n. 23).

b) A insurreição armada é inviável, pois "gera novas injustiças, introduz novos desequilíbrios, provoca novas ruínas" (n. 31). A moral cristã reconheceria o uso de armas apenas em um caso de "tirania evidente e prolongada que atentasse gravemente contra os direitos fundamentais da pessoa humana e prejudicasse de modo perigoso o bem comum do país" (n. 31).

c) Os poderes públicos podem esclarecer a população sobre o crescimento demográfico e outros assuntos afins; suas providências quanto ao planejamento familiar, porém, não podem atingir as leis morais e a liberdade dos casais. O Estado não tem o direito de interferir diretamente na família, sobretudo no que diz respeito ao número de filhos.

d) Os Estados devem priorizar a educação de base em seus planos, pois sem a alfabetização é praticamente impossível exercer plenamente a cidadania: "A fome de instrução não é menos deprimente do que a fome de alimentos; um analfabeto é um espírito subalimentado" (n. 35).

A outra carta de Paulo VI é a *Octogesima Adveniens*, na qual são discutidos os problemas sociais emergidos oitenta anos depois da *Rerum Novarum*, principalmente: a urbanização, os anseios da juventude, o trabalho da mulher, a emigração e as discriminações. Entre outras coisas, a carta alerta para: a promiscuidade nos alojamentos populares que surgiram com a superlotação das cidades; a necessidade de que a juventude tem de ser ouvida; o cuidado que as mulheres devem ter com suas funções originais, mesmo ampliando seu espaço no mundo do trabalho; a ajuda que deve ser dada aos imigrantes; a cautela nas greves, sendo ilegítimas aquelas que reivindicam coisas impossíveis.

Paulo VI reitera a necessidade da presença de cristãos leigos no meio político, agindo de acordo com os preceitos do Evangelho para intervir nas estruturas sociais. Orienta que tais cristãos evitem ambiguidades em seus posicionamentos. Por fim, indica que essa responsabilidade não é somente dos indivíduos, mas também das organizações cristãs.

As encíclicas sociais do papa João Paulo II são aquelas que completam o "ciclo magisterial" ao qual nos referimos no início desta parte. A primeira foi a *Laborem Exercens*, que versa, por inteiro, sobre o trabalho humano. Defende a distinção entre trabalho objetivo e trabalho subjetivo, aquele como sendo mercadoria, que deve ser avaliado segundo critérios objetivos de qualificação e responsabilidade; este é entendido como obra da pessoa, fonte da dignidade do trabalho. Sob o aspecto subjetivo, todos os tipos de trabalho são iguais.

O trabalho tem primado sobre o capital, defende João Paulo II. Por isso o uso legítimo da propriedade particular depende mormente de que esteja a serviço do homem em seu labor. Em decorrência, é admissível que se faça alguma socialização de certos meios de produção, quando para isso houver motivos e capacidades suficientes.

Outras proposições da *Laborem Exercens*:

a) A sociedade deve cuidar para que não se desvalorize o trabalho intelectual, por exemplo, tornando-o mais barato que o trabalho braçal.

b) A formação acadêmica deve estar orientada para as necessidades da sociedade, para evitar o excesso de mão de obra e o desemprego.

c) Deve-se evitar que a esposa seja obrigada a trabalhar fora, mediante um salário justo e suficiente para o chefe da família.

d) Aos deficientes físicos deve ser garantido o direito ao trabalho, para que a sociedade não caia em uma forma grave de discriminação.

Na segunda encíclica social de seu pontificado, a *Sollicitudo Rei Socialis*, João Paulo II critica o terrorismo e elogia os estadistas, políticos, economistas, cientistas e outros profissionais que estão se empenhando na busca de soluções para os problemas modernos. Nesse sentido, ele diz que a Igreja católica está disposta a colaborar com outras entidades religiosas, mesmo não cristãs, nas iniciativas que visem resolver problemas sociais comuns. É na *Sollicitudo Rei Socialis* que João Paulo II propõe a "opção preferencial pelos pobres", indicando que se trata de uma forma especial de primado na prática da caridade cristã e que:

> Esse amor preferencial não pode deixar de abranger as imensas multidões de famintos, de mendigos, sem-teto, sem assistência médica e, sobretudo, sem a esperança de um futuro melhor: não se pode deixar de levar em conta a existência dessas realidades. Ignorá-las seria tornar-se como o rico que fingia não conhecer o pobre Lázaro, que jazia a seu portão (n. 42).

O Papa ainda chama atenção para o problema dos refugiados de guerra e do terrorismo, denunciando as matanças indistintas, a captura de reféns e o clima de insegurança que isso cria. Apesar disso, ele destaca alguns pontos positivos da realidade contemporânea, como o anseio pela paz e a preocupação ecológica. Essa preocupação será mais bem tratada pelo papa Francisco na *Laudato Si*.

A *Centesimus Annus* é comemorativa aos cem anos da *Rerum Novarum* e não traz grandes novidades em relação às cartas anteriores, com exceção de uma longa reflexão sobre a queda do socialismo. João Paulo II aponta os erros do sistema, que teriam sido decisivos para seu fracasso: a violação de direitos dos trabalhadores, a privação das liberdades fundamentais do homem e o ateísmo. Admite que a Igreja Católica contribuiu para a queda do comunismo, sobretudo quando insistiu em divulgar suas convicções mesmo em ambientes culturais permeados de marxismo.

O longevo pontífice também alerta os países ex-comunistas que não caiam na tentação do consumismo e não voltem a adotar um tipo de capitalismo selvagem tão odioso quanto o sistema anterior. Uma citação emblemática é esta:

> Pode-se, porventura, dizer que, após a falência do comunismo, o sistema social vencedor é o capitalismo e que para ele devem se encaminhar os esforços dos países que procuram reconstruir as suas economias e a sua sociedade? (...) A resposta apresenta-se obviamente complexa. Se por "capitalismo" se indica um sistema econômico que reconhece o papel fundamental e positivo da empresa, do mercado, da propriedade privada e da consequente responsabilidade pelos meios de produção, da livre criatividade humana no setor da economia, a resposta é certamente positiva (...). Mas se por "capitalismo" se entende um sistema onde a liberdade no setor da economia não está enquadrada num sólido contexto jurídico que a ponha a serviço da liberdade humana integral, cujo centro seja ético e religioso, então a resposta é, sem dúvida, negativa (n. 42).

As encíclicas papais referentes à doutrina social da Igreja, da *Rerum Novarum* até a *Centesimus Annus*, têm uma unidade de conteúdo, ainda que tratem de questões específicas a cada momento em que foram publicadas. Essa unidade decorre do Evangelho e da preocupação que a Igreja tem com o bem-estar da humanidade. A DSI não é uma ideologia nem um modelo econômico, mas a formulação dos resultados de uma reflexão atenta sobre as complexas realidades da existência do homem à luz da fé e da tradição eclesial (JOÃO PAULO II, 1988). Ela constitui por si só uma categoria e tem a pretensão de fundamentar a ação dos cristãos no mundo. A seguir, seus princípios basilares.

2. Princípios fundamentais da doutrina social da Igreja

Da parte dos cristãos, qualquer tentativa de eximir-se das relações sociais ou isentar-se das questões econômicas e políticas inerentes à sociedade em que vivem seria uma atitude artificial e inconveniente. Entre os que praticam religião, não faltam os que assim procuram agir, traduzindo sua mentalidade em frases como: "não gosto de política", "não me envolvo com essas coisas", "não me interesso por esses assuntos". Esse procedimento acaba fazendo cair no pecado da omissão, mediante a abdicação de importantes responsabilidades.

Não ignoramos a dificuldade de agir socialmente, tampouco estamos afirmando que todos os cristãos devem "fazer trabalhos sociais" ou candidatar-se a cargos públicos. Estamos apenas advertindo que esse tipo de concepção da fé cristã não está em acordo com o Evangelho; este, ao contrário, pleiteia que os discípulos de Nosso Senhor sejam "fermento na massa", "sal da terra" e "luz do mundo" (cf. Lc 13,20-21; Mt 5,13). Conforme adverte o Compêndio da Doutrina Social da Igreja (n. 62):

> Com o seu ensinamento social a Igreja entende anunciar e atualizar o Evangelho na complexa rede de relações sociais. Não se trata simplesmente de alcançar o homem na sociedade (...), mas de fecundar e fermentar com o Evangelho a mesma sociedade. (...) A sociedade e, com ela, a política, a economia, o trabalho, o direito, a cultura não constituem um âmbito meramente secular e mundano e, portanto, marginal e alheio à mensagem e à economia da salvação.

A ação dos cristãos no mundo, entretanto, não deve se basear em proposições ideológicas, vícios de mentalidade social ou em uma crítica simplista da realidade. A prática cristã se baseia sempre na verdade. Por isso a doutrina social da Igreja oferece princípios nos quais se apoiar para discernir adequadamente essa mesma ação.

Os princípios permanentes da DSI são como gonzos do ensinamento social católico e devem ser apreciados em sua unidade, conexão e articulação. "Eles são ditos princípios porque é a partir deles que podemos julgar uma situação para que possamos agir em relação a ela" (RAMALHETE, 2017, p. 97). São eles: a dignidade da pessoa humana, o bem comum, a destinação universal dos bens, a subsidiariedade, a solidariedade e a participação. A seguir, uma síntese deles, extraída do *Compêndio da Doutrina Social da Igreja* (Comp DSI).[17]

[17] Os números serão indicados entre parênteses apenas quando a citação for literal.

a) A dignidade da pessoa humana

A dignidade da pessoa humana consiste, antes de mais nada, no fato de ela ser imagem e semelhança de Deus, ou seja, essa dignidade tem sua raiz e sua garantia no escopo criador de Iahweh. Além disso, a pessoa humana, em si mesma e em sua vocação, transcende o horizonte do universo criado, da sociedade e da história, sendo seu fim último o próprio Deus. A Igreja vê no homem e na mulher essa imagem e esse significado transcendente, coisas que encontram sua plena explicação no mistério de Cristo.

Por causa desse princípio, a pessoa humana não pode e não deve ser instrumentalizada "para projetos de caráter econômico, social e político impostos por qualquer que seja a autoridade, mesmo que em nome de pretensos progressos da comunidade civil em seu conjunto ou de outras pessoas, no presente e no futuro" (n. 133). Uma sociedade justa respeita essa dignidade, fazendo com que a ordem das coisas se submeta ao bem-estar das pessoas e não o contrário. Outrossim, é necessário considerar, antes de tudo, a vida humana e os meios necessários para mantê-la dignamente. Isso implica que "todos os programas sociais, científicos e culturais sejam orientados pela consciência do primado de cada ser humano" (n. 132).

A dignidade de cada homem diante de Deus é o fundamento da dignidade do homem perante os outros homens, independentemente de sua raça, nação, sexo, origem, cultura, classe. O Compêndio da Doutrina Social da Igreja (n. 145) afirma que, para tornar possível o crescimento comum e pessoal de todos, é necessário, em particular:

> Apoiar os últimos, assegurar efetivamente condições de igual oportunidade entre homem e mulher, garantir uma objetiva igualdade entre as diversas classes sociais perante a lei. Também nas relações entre povos e Estados, condições de equidade e de paridade são o pressuposto para um autêntico progresso da comunidade internacional.

b) O princípio do bem comum

Da dignidade, unidade e igualdade de todas as pessoas deriva o princípio do bem comum, entendido como o conjunto de condições da vida social que permitem, tanto aos grupos, como a cada um de seus membros, atingir mais plena e facilmente a própria perfeição. As exigências do bem comum derivam das condições sociais de cada época; porém, grosso modo, referem-se:

> Ao empenho pela paz, à organização dos poderes do Estado, a uma sólida ordem jurídica, à salvaguarda do ambiente, à prestação dos serviços essenciais às pessoas, alguns dos quais são, ao mesmo tempo, direitos do homem: alimentação, morada, trabalho (n. 166).

A responsabilidade por persegui-las pertence a cada pessoa, mas, sobretudo, ao Estado, "pois o bem comum é a razão de ser da autoridade política" (n. 168). Para assegurar o bem comum, os governos devem harmonizar com justiça os interesses dos diversos segmentos socais, sem olvidar que:

> No Estado democrático — no qual as decisões são geralmente tomadas pela maioria dos represen-

tantes da vontade popular — (...) estão obrigados a interpretar o bem comum (...) não só segundo as orientações da maioria, mas também na perspectiva do bem efetivo de todos os membros da comunidade civil, inclusive dos que estão em posição de minoria (n. 169).

c) Destinação universal dos bens

Dentre as multíplices implicações do bem comum, assume particular importância o princípio da destinação universal dos bens. Esse princípio se baseia no fato de que Deus deu a terra a todo o gênero humano, para que ela sustente todos os seus membros sem excluir nem privilegiar ninguém. Isso não significa que tudo deva estar à disposição de cada um ou de todos, mas que toda propriedade privada tem uma *hipoteca social*, ou seja, que não é lícita a posse quando esta é dada simplesmente à especulação, à usura, ao acúmulo excessivo de riquezas em detrimento da miséria social. Não suporta a justiça que alguém – ou alguns poucos – detenha os meios de produção para uso exclusivo, enquanto a maioria de seus semelhantes esteja em condições precárias de sobrevivência.

A Igreja considera legítimo o direito à propriedade privada, pois, retirado esse direito, retirar-se-ia também o próprio incentivo ao trabalho. Contudo tal direito não é absoluto e intocável, pois está subordinado ao direito ao uso comum, dependente da destinação universal dos bens. Conforme afirma Ramalhete (2017, p. 161): "A desigualdade social é um bem, desde que não haja miséria e que não sejam coibidas as liberdades de cada um".

A citação que segue do Compêndio da Doutrina Social da Igreja (n. 178) resume bem a visão da Igreja a respeito do equilíbrio entre o direito à propriedade privada e a obediência ao princípio da destinação universal dos bens:

> O homem que possui legitimamente as coisas materiais não as deve ter só como próprias dele, mas também como comuns, no sentido que elas possam ser úteis não somente a ele, mas também aos outros. (...) Cada pessoa, ao agir, não pode prescindir dos efeitos do uso dos próprios recursos, mas deve atuar de modo a perseguir, ademais da vantagem pessoal e familiar, igualmente o bem comum. Donde decorre o dever dos proprietários de não manter ociosos os bens possuídos e de os destinar à atividade produtiva, também os confiando a quem tem desejo e capacidade de os levar a produzir.

O princípio da destinação universal dos bens ainda requer que se cuide com particular solicitude daqueles que se acham em posição de marginalidade e das pessoas cujas condições de vida lhes impedem um crescimento adequado. A esse propósito deve ser reafirmada, em toda a sua força, a opção preferencial pelos pobres.

d) Subsidiariedade

A subsidiariedade consiste na ajuda mútua entre as instituições sociais, com as maiores (o Estado, por exemplo), fazendo aquilo que as menores (como as famílias) não podem fazer. A doutrina social da Igreja afirma que "é injusto remeter a uma sociedade maior e mais alta aquilo que as comunidades menores e inferiores podem fazer" (n. 186).

Vamos exemplificar. Se a família (instituição menor) tem condições de educar seus filhos, não há razão para se delegar isso ao Estado ou à Igreja. Essas instituições maiores apenas devem auxiliar (*subsidium*) as famílias na empreitada. Todavia é certo que os pais não conseguem sozinhos garantir o acesso à saúde para si e para sua prole; neste caso, o Estado (e outras instâncias da sociedade) deve assumir essa tarefa.

> A responsabilidade por qualquer ação social, segundo a Doutrina Social da Igreja, cabe àquele que está mais próximo do problema que se visa resolver. (...) Assim ocorre a organização social natural, com cada instância fazendo o que lhe compete e franqueando seu poder à instância mais alta apenas em caso de necessidade (RAMALHETE, 2017, p. 113.115).

A subsidiariedade está entre as mais constantes diretrizes da Doutrina Social da Igreja, presente desde a *Rerum Novarum*. Todavia, para sua aplicabilidade prática, o bem comum é o principal critério de discernimento.

e) Solidariedade

Mesmo considerando as atribuições específicas de cada instituição, deve haver solidariedade entre elas. A solidariedade faz com que aqueles que precisam de auxílio o tenham, seja este auxílio dado por uma instituição maior ou menor (RAMALHETE, 2017, p. 118). Segundo o Compêndio da Doutrina Social da Igreja, ela deve ser aplicada na relação entre os indivíduos, mas, sobretudo, como princípio social ordenador das instituições, transformando as "estruturas de pecado" em "estruturas de solidariedade", mediante "a criação ou a oportuna modificação de leis, regras do mercado, ordenamentos" (n. 193).

É também o Compêndio (n. 195) que adverte:

> O princípio da solidariedade comporta que os homens de nosso tempo cultivem uma maior consciência do débito que têm para com a sociedade na qual estão inseridos: são devedores daquelas condições que tornam possível a existência humana, bem como do patrimônio, indivisível e indispensável, constituído da cultura, do conhecimento científico e tecnológico, dos bens materiais e imateriais, de tudo aquilo que a história da humanidade produziu. Um tal débito há de ser honrado nas várias manifestações do agir social, de modo que o caminho dos homens não se interrompa, mas continue aberto às gerações presentes e às futuras, chamadas juntas, umas e outras, a compartilhar na solidariedade do mesmo dom.

f) Participação

Este princípio indica que:

> Cada pessoa, cada família, cada grupo deve participar na medida do possível da vida e da organização social de sua comunidade, ajudando a solucionar seus problemas, ordenando-a ao bem comum e fazendo, assim, com que o lugar em que se vive ou trabalha seja um lugar mais justo

e agradável a Deus e aos homens" (RAMALHETE, 2017, p. 120).

A participação se exprime em uma série de atividades mediante as quais o cidadão, como indivíduo ou associado com outros, diretamente ou por meio de representantes, contribui para a vida cultural, econômica, política e social da comunidade civil a que pertence. Nesta matéria, particular atenção se dê ao exercício do direito de votar sem, contudo, negociar as condições mais vantajosas para si ou limitar-se à expressão da opção eleitoral, chegando também, em muitos casos, a abster-se dela.

3. Questões particulares

Por "questões particulares" designamos temas concretos a respeito dos quais a Doutrina Social da Igreja orienta os fiéis, pois existem assuntos que carecem de uma normatização mais clara ou de uma opinião direta. Esses assuntos foram selecionados e elencados aqui em ordem alfabética e não de importância.

a) Armamento

Embora a produção e o porte de arma de fogo não sejam, em si mesmo, moralmente ilícitos, a Igreja sempre alertou para os perigos de armar a população, pois a arma dá a falsa sensação de segurança e de proteção. Conforme adverte a Conferência Nacional dos Bispos do Brasil: "Não pode cair na ilusão de que, facilitando o acesso da população à posse de armas, combateremos a violência. A indústria das armas está a serviço de um vigoroso poder econômico que não pode ser alimentado à custa da vida das pessoas".[18]

b) Cogestão e participação nos lucros

O papa João XXIII, na encíclica *Mater et Magistra*, já havia indicado ser vantajoso suavizar o contrato de trabalho de modo que os operários se tornem participantes na propriedade, na gestão ou nos lucros. Essa prática tende a trazer consigo implicações favoráveis ao desenvolvimento econômico e à conciliação de classes. Por meio dela, o trabalhador se interessaria pela produtividade e pela manutenção da empresa, uma vez que também disso dependeria seu ganho final. O empresário, por sua vez, lucraria com o maior empenho de seus empregados.

c) Concorrência

Naturalmente, o capitalismo gera concorrência entre empresas. Segundo a doutrina social da Igreja:

> A competição é certamente um bem para a sociedade, mas dentro dos limites estritos. Quando ela se torna uma busca frenética da diminuição de custos frequentemente leva à negação da dignidade humana dos próprios trabalhadores, reduzidos a meros recursos humanos descartáveis (RAMALHETE, 2017, p. 174-75).

[18] CONFERÊNCIA NACIONAL DOS BISPOS DO BRASIL. Nota sobre o momento nacional. 21 de abril de 2015. Disponível em *www.cnbb.org.br*. Consulta em 09 de dezembro de 2020.

d) Filiação partidária

Os cristãos podem se filiar em partidos políticos, contanto que atuem em coerência com os ensinamentos do Evangelho. A presença de leigos no meio político é até necessária, visando "fermentar" as estruturas sociais com a Palavra de Deus e o testemunho evangélico. Porém esses mesmos cristãos leigos devem guardar certa independência em relação às ideologias.

e) Filiação sindical

É também direito dos trabalhadores a filiação nos sindicatos de suas categorias. "Devemos, contudo, tomar cuidado para que nossa forma de associação (...) não implique a aceitação de uma suposta luta de classes, colocando os subordinados contra os superiores e os superiores em pé de guerra com os subordinados" (RAMALHETE, 2017, p. 174).

g) Greve

Para garantir determinados direitos, os trabalhadores podem recorrer à greve, mas apenas como último recurso e dentro de certos limites. A greve não pode ter fins políticos partidários, tomando precaução também para não deixar faltar serviços essenciais para a sociedade. A greve é justa quando (BETTENCOURT, s/d1):

- Tem objetivos legítimos;
- Não recorre a meios injustos;

– Depois de esgotadas todas as possibilidades de entendimento;

– Há previsão de que os prejuízos causados serão compensados por benefícios adquiridos.

h) Impostos

Essa é uma questão espinhosa, porque é moralmente lícito que os governos cobrem impostos, porém, frequentemente, eles são extorsivos, sem que se tenha retorno sequer em forma de benefícios. Às vezes, também fica evidente o uso indevido do dinheiro público. Nesses casos, o dever moral nos impede simplesmente de deixar de pagar ou sonegar, até porque há punição penal para esse tipo de comportamento (RAMALHETE, 2017).

O que a doutrina social da Igreja recomenda é que os impostos sejam cobrados principalmente sobre o luxo e sobre o supérfluo, menos sobre os bens necessários. E também que sejam uma forma de o governo agir sobre o mercado (RAMALHETE, 2017). Nas situações em que a política de impostos não esteja cumprindo sua função social, é essencial sua revisão.

i) Leis

As leis humanas devem ser honestas, justas, possíveis segundo a natureza, em acordo com os costumes do país, adequada ao lugar e ao tempo, necessárias e úteis. Além disso, devem ser expressas claramente, feitas por quem tem direito de fazê-la e em vista do bem comum (RAMALHETE, 2017). Se faltar uma dessas características, a lei não obriga em consciência.

j) Lucro

A Igreja entende que o lucro tem uma função fundamental na empresa; portanto é lícito que o queiram os proprietários dos meios de produção. Mas o lucro não deve ser visto como o único objetivo, sendo necessário, antes, cuidar para que os homens não sejam ofendidos em sua dignidade, por causa do gosto desenfreado das riquezas.

> Mais que o lucro, é a função social de um empreendimento que deve ser a prioridade de seus proprietários; sendo ele bem administrado, o lucro pode e deve vir em consequência do pleno exercício de sua função social (RAMALHETE, 2017, p. 175).

A empresa não pode ser vista apenas como uma máquina de gerar recursos para seus donos, mas também como uma espécie de comunidade humana, necessária ao progresso econômico e ao equilíbrio social. Conforme adverte o Catecismo da Igreja Católica (n. 2424):

> Uma teoria que faz do lucro a regra exclusiva e o fim último da atividade econômica é moralmente inaceitável. O apetite desordenado pelo dinheiro não deixa de produzir seus efeitos perversos. Ele é uma das causas dos numerosos conflitos que perturbam a ordem social.

k) Meio ambiente

Deus dotou a criação de uma ordem da qual somos parte. Por isso temos a missão de cuidar bem das coisas criadas, zelando pela "casa comum" e evitando a exploração desordenada da terra, com o exclusivo fim de obter lucro. Afinal de contas, "quando falamos de meio ambiente, assim, não se está falando de algo 'lá fora' (...). Nós vivemos nele. Ele é nosso entorno. O mundo criado é nossa casa" (RAMALHETE, 2017, p. 207).

l) Reforma agrária

Em determinadas situações, pode ser viável a redistribuição de terras, considerando o princípio da destinação universal dos bens, tal como já foi enunciado aqui. Caso ocorra, a Reforma Agrária deve ser feita de maneira responsável, bem orientada por uma legislação específica que respeite a propriedade produtiva. Há de se ter, como objeto principal, a terra usada com fins especulativos e o latifúndio – que gera o crescimento desproporcional das cidades e o consequente aumento do desemprego e subemprego.

OBRAS DE MISERICÓRDIA

Corporais

Dar de comer a quem tem fome
Dar de beber a que tem sede
Vestir os nus
Dar pousada aos peregrinos
Assistir os enfermos
Visitar os presos
Enterrar os mortos

Espirituais

Dar bons conselhos
Ensinar os ignorantes
Corrigir os que erram
Consolar os tristes
Perdoar as injúrias
Suportar com paciência as fraquezas do próximo
Rogar a Deus por vivos e defuntos

VIII

A Virgem Porta do Céu

O lugar de Nossa Senhora na vida cristã

"Eu te saúdo, ó Maria, Mãe de Deus, por meio da qual entrou no mundo a verdadeira luz, Nosso Senhor Jesus Cristo."
(Cirilo de Alexandria)

1. Perturbou-se ela e pôs-se a pensar

Um dos elementos mais fortes da piedade cristã é a devoção mariana, devido ao papel singular que Nossa Senhora exerceu e exerce no mistério de Cristo. Com efeito, para enviar seu Filho ao mundo e nos salvar, Deus quis a livre cooperação de uma criatura. Ele escolheu Maria, para que, assim como uma mulher (Eva) contribuiu para a morte, uma mulher também contribuísse para a vida (CIC, 488). A despeito das críticas que possa receber, a Igreja católica sempre reconheceu como legítima tal devoção, considerando-a intrínseca ao culto cristão (CIC, 971).

Entretanto é necessário vivenciar essa piedade com pureza e verdade, dando à Virgem um lugar digno e justo em nossa vida, sem desvios de doutrina ou práticas espirituais indevidas. E não me refiro a "colocar Maria no lugar de Jesus". Conforme advirto mais adiante, a meu ver, esse não é um risco grande. Refiro-me a uma devoção piegas, emotiva e, principalmente, desprovida de conhecimento acerca das características pessoais de Nossa Senhora, bem como de suas posturas na história da salvação. Um devoto da Mãe de Jesus dedica-lhe carinho e afeto, reconhece sua grandeza e, acima de tudo, admira e imita seu exemplo.

Nesse particular, algo do que devemos nos emancipar é de uma "devoção machista", aquela que enxerga Nossa Senhora a partir de um modelo de feminilidade que se adapta à assimetria entre os dois sexos. Na religiosidade popular, as virtudes mais enaltecidas em Maria são a humildade, o silêncio, a submissão e o serviço. Ora, esse modelo de mulher humilde, silenciosa, submissa e serviçal é o padrão desejado por todo homem machista. Todas as características da Virgem que escapam ao domínio dessas qualidades são, nas mais das vezes, obscurecidas pela própria pregação católica.

Durante muito tempo, a pregação católica refletiu sobre os ditames da cultura paternalista, apresentando Maria sempre à luz da família, protegida por José e sem autonomia. A ênfase que se dá a sua humildade carrega uma conotação de *passividade*. Conforme essa pregação, a Mãe de Jesus seria alguém que tudo acatava e nada questionava; uma mulher dependente de sua condição social e completamente submissa aos homens. Até sua obediência a Deus parece impregnada de inércia. Doutro modo, fala-se de um "silêncio de Maria", que ainda não consegui perceber na Bíblia. Não da forma como é aduzido. O que a Escritura diz é que ela guardava todas as coisas no coração (cf. Lc 2,51b). Ora, Jesus afirma que a boca fala do que o coração está cheio (cf. Mt 12,34b). Se Maria guardava *tudo* no coração, muito provavelmente ela trasbordava isso de alguma forma, não sendo tão silenciosa quanto dizem.

Um dos episódios da vida de Maria que mais bem retrata sua índole e personalidade – longe desse modelo submisso e passivo – é o evento da anunciação:

> No sexto mês, o anjo Gabriel foi enviado por Deus a uma cidade da Galileia chamada Nazaré, a uma virgem desposada com um homem que se chamava José, da casa de Davi e o nome da virgem era Maria. Entrando, o anjo disse-lhe: "Ave, cheia de graça, o Senhor é contigo". Perturbou-se ela com essas palavras e pôs-se a pensar no que significaria semelhante saudação. O anjo disse-lhe: "Não temas, Maria, pois encontraste graça diante de Deus. Eis que conceberás e darás à luz um filho, e lhe porás o nome de Jesus" (Lc 1,26-31)

Os filmes e as enquetes teatrais costumam apresentar esse acontecimento de forma estereotipada. Normalmente, exibem a Virgem fazendo algum trabalho doméstico, assustando-se com a entrada do anjo e baixando a cabeça após ser comunicada sobre os planos de Deus para ela. Muito embora a intenção seja ressaltar sua prontidão e obediência, esse cenário não reflete exatamente o que está descrito no texto do Evangelho.

Lucas narra que Maria "perturbou-se" com a visão (v. 29), o que não significa mero receio diante de um fato incomum, mas denota que a saudação do anjo *provocou* algo em seu âmago. Ela entreviu uma *vocação* singular e sentiu-se interpelada por ela (TEB, p. 1968). Em seguida, a Virgem *pôs-se a pensar*, assumindo uma postura de *atividade* mental. Ela refletiu, quiçá longamente, sobre o que significaria aquela aparição, notadamente quanto às consequências de sua adesão. A narrativa induz a pensar em um espaço razoável de tempo, em que Maria fez uma leitura da própria vida à luz da fé, procurando penetrar no mistério daquela revelação inesperada (TEB, p. 1968). Sua opção vocacional foi, por causa disso, uma opção madura e fecunda, porque não tomada somente a partir de sua condição de "visitada", mas também da atitude reflexiva e responsável.

Portanto essa imagem de uma mulher passiva, que baixa a cabeça e acolhe as coisas sem penetrar nelas, essa imagem de Maria, a meu ver, não é fiel a Lucas. Ela é uma construção cultural, reforçada por uma visão religiosa machista.

A característica de uma pessoa pensante e ativa fica mais evidente na sequência da trama:

> Maria perguntou ao anjo: "Como se fará isso, pois não conheço homem?" Respondeu-lhe o anjo: "O Espírito Santo descerá sobre ti, e a força do Altíssimo te envolverá com sua sombra. Por isso, o ente santo que nascer de ti será chamado Filho de Deus. Também Isabel, tua parenta, até ela concebeu um filho em sua velhice; e já está no sexto mês aquela que é tida por estéril, porque a Deus nenhuma coisa é impossível". Então disse Maria: "Eis aqui a serva do Senhor. Faça-se em mim segundo tua palavra". E o anjo afastou-se dela (Lc 1,34-38)

Maria parece compreender que sua gravidez ocorrerá imediatamente e objeta: "Como se fará isso?" (TEB, p. 1968). O questionamento (para não dizer o protesto) de Nossa Senhora coloca sua submissão a Deus sob outra perspectiva: a criatura humana em diálogo fecundo com seu criador, sendo sujeito ativo de seu próprio destino. Para ser mais específico: uma mulher que assume para si o encargo de sua própria vocação e que não se esconde por trás de uma suposta obediência incondicional que seria, no fim das contas, uma falsa obediência, uma fuga da própria responsabilidade individual.

Não estou querendo transformar Nossa Senhora em uma feminista, no sentido moderno do termo. Mas o texto revela uma mulher que interage com a revelação de sua vocação. Isso é significativamente diferente das representações feitas comumente, que apresentam Maria como uma mulher passiva e recatada, uma imagem condizente com o modelo de feminilidade querido pelos homens machistas.

Impressiona-me a firmeza de Maria e o modo como reagiu às colocações tão sérias do anjo, assumindo um compromisso sem se preocupar em, antes, consultar o pai ou o noivo. Sua objeção, quanto ao "como se fará isso", requisitou uma resposta da parte do mensageiro (v. 35a). Depois disso, Maria declarou-se "a serva do Senhor". Na Bíblia, esse é um título de glória. Sua resposta reflete, portanto, antes fé e amor do que humildade (TEB, p. 1969). A frase final é decisiva e nem um pouco titubeante: "Aconteça-me segundo tua palavra". O "sim" de Maria não é apenas consciente, mas também consequente. Creio que Gabriel ficou muito impressionado com a determinação daquela jovem de Nazaré para a qual foi enviado pelo próprio Deus.

A devoção mariana dos cristãos deve se basear na consistência de suas atitudes e de seu lugar na história da salvação. Deus escolheu Maria por pura benevolência e gratuidade, enchendo-a de graça. Ela, por sua vez, correspondeu fielmente ao dom de Deus, concebendo Jesus de maneira livre e generosa. Tornou-se, assim, mãe de modo inigualável e universal. A maternidade divina é a fonte de todas as prerrogativas de Maria. Em consequência, quanto mais alguém se aproxima de Cristo, mais toma consciência de seu vínculo natural e obrigatório com Nossa Senhora (BETTENCOURT, s/d).

2. Eis aí tua mãe

Na época em que Jesus nasceu, o Império Romano dominava grande parte do mundo, incluindo a Palestina. O imperador de Roma resolveu promover um censo populacional, provavelmente com a intenção de controlar melhor a cobrança de impostos e as possíveis rebeliões. O evangelista Lucas (2,1.3-7) refere-se a esse episódio histórico nestes termos:

> Naqueles tempos, apareceu um decreto de César Augusto, ordenando o recenseamento de toda a terra. Todos iam alistar-se cada um em sua cidade. Também José subiu da Galileia, da cidade de Nazaré, à Judeia, à cidade de Davi, chamada Belém, porque era da casa e família de Davi, para se alistar com sua esposa Maria, que estava grávida. Estando eles ali, completaram-se os dias dela. E deu à luz seu filho primogênito e, envolvendo-o em faixas, reclinou-o em um presépio; porque não havia lugar para eles na hospedaria.

Ao contrário dos censos de hoje em dia, as pessoas tinham que se alistar em sua cidade de origem. Por isso José, o pai adotivo de Jesus, submeteu-se a uma longa viagem com sua esposa grávida, de Nazaré para Belém. Nazaré fica ao norte da Palestina, enquanto Belém fica ao sul. O caminho era muito longo, e as condições de viagem eram desfavoráveis: caminhava-se a pé ou em animais.

Os filmes sobre o nascimento de Jesus costumam mostrar José e Maria andando de hotel em hotel, procurando um lugar para ficar. Mas Belém era apenas uma aldeia e não devia ter pousadas no sentido em que entendemos hoje. Muito provavelmente, o casal se hospedou na casa de algum parente e, devido à quantidade de pessoas que afluiu a Belém com a mesma intenção, não se encontrou lugar para ele na hospedaria da casa.[19] Notemos que Lucas afirma: "Estando eles ali, completaram-se os dias dela" (v. 7), o que supõe uma permanência regular e não uma chegada no dia em que Maria deu à luz.

Tudo o que coube a José e a sua esposa foi um lugar com os animais, não em um curral como entendemos hoje, mas no estábulo que era, normalmente, outro compartimento anexo à casa. A manjedoura estava colocada certamente em uma parede entre os dois cômodos. Devido à superlotação, não se encontrou lugar melhor que esse para deitar a criança (BJ, p. 1930), depois de passar sal em sua pele e enfaixá-la, como era costume em Israel (ALEXANDER & ALEXANDER, 1985).

Quem teria sido esse parente que teve o privilégio de ver nascer o Messias de Israel em sua casa? Não se sabe. Alguns suspeitam que José mesmo teria um domicílio em Belém, o que é menos provável devido a sua condição de pobreza. Prefiro pensar que alguém os acolheu, sendo visitado pelo próprio Deus por uma razão em especial: *porque recebeu Maria*.

---

[19] A palavra grega *katalyma* pode designar também uma sala (BJ, p. 1930).

Desde que Deus escolheu Maria para, por intermédio dela, enviar seu Filho ao mundo e nos salvar, ela se tornou como que a porta do céu. É por isso que, quando abrimos o coração à devoção mariana, inevitavelmente nos deparamos com Jesus. Como aconteceu em Belém naquele dia. Ela foi a porta mediante a qual nos veio o Messias. Mas é também a porta em sentido ascendente, ou seja, podemos chegar ao céu por meio de Maria. Algumas pessoas dizem: "Não preciso, pois vou direto a Jesus". Deus também não precisava de Maria para vir até nós, mas assim mesmo o fez. Se o Senhor a constituiu "porta do céu", também podemos nos dirigir a ela na qualidade de medianeira.

Os católicos, às vezes, são acusados de transformar Maria em uma deusa. Ainda que quiséssemos, seria muito difícil fazer isso, pois Nossa Senhora sabe muito bem qual seu lugar no mistério de Cristo. Chamo a atenção para o seguinte texto de Lucas (1,39-43):

> Naquele tempo, Maria partiu às pressas, rumo à região montanhosa, para uma cidade de Judá. Ela entrou na casa de Zacarias e saudou Isabel. Ora, quando Isabel ouviu a saudação de Maria, a criança pulou em seu seio e Isabel ficou repleta do Espírito Santo. Ela deu um grande grito e disse: 'Tu és bendita mais do que todas as mulheres; bendito é também o fruto do teu ventre! Como me é dado que venha a mim a mãe do meu Senhor?

Nessa passagem, Maria é recebida e aclamada por três pessoas importantes: a) Isabel, que era uma mulher justa e irrepreensível (cf. Lc 1,5-6), b) João Batista, o maior dos profetas e precursor do messias (cf. Lc 7,27-28a), c) e o próprio Espírito Santo. O Espírito é, em última análise, o autor das palavras proferidas e das atitudes tomadas pelos outros dois personagens. Qualquer um que fosse homenageado por três pessoas como essas teria motivos suficientes para se orgulhar. Mas a reação de Maria contém o reconhecimento de que é Deus o autor da obra que está constituindo-se em sua vida: "Minha alma exalta o Senhor, e meu espírito se encheu de júbilo por causa de Deus, meu Salvador, *porque ele pôs os olhos sobre sua humilde serva*" (Lc 1,46b-48a – grifo nosso). Por causa da índole da Mãe de Jesus e de seu testemunho na Escritura, não há motivos para se preocupar em excluí-la de qualquer atitude para com Deus.

No início de seu evangelho, São Mateus narra o episódio da visita dos chamados reis magos a Jesus (cf. Mt 2,1-12). Aqueles homens estrangeiros viajaram uma grande distância, acreditando que uma estrela os levaria ao Rei. Encontraram-no justamente com Maria. Diz claramente o versículo 11: "Entrando na casa, acharam o menino *com Maria*, sua mãe. Prostrando-se diante dele, adoraram-no" (grifo nosso). Para adorar Jesus, os magos não pediram a Nossa Senhora que se afastasse.[20] Essa atitude despreconceituosa legitima a inclusão da Mãe de Deus em nossa experiência religiosa, sem lhe retirar jamais a autenticidade.

Jesus Cristo é o único mediador entre o homem e Deus (cf. 1Tm 2,5-6). A função maternal de Maria, bem como sua intercessão por nós, sequer diminui essa única mediação. Com efeito, as graças que recebemos por meio de Nossa Senhora derivam da abundância dos méritos de Cristo e, de modo algum, impedem a união

[20] Colho aqui a meditação informal de Girlaine Gomes.

dos fiéis com o Senhor, antes a favorece (LG, 60). O que a fé católica ensina acerca da Virgem funda-se no que ela crê acerca de Cristo (CIC, 487). Fico surpreso com algumas pessoas que acham que têm o poder de expulsar demônios só porque têm *o nome de Jesus* na boca não acreditam na intercessão daquela que teve *o próprio Jesus* no ventre.

Na Igreja Católica, Maria é reconhecida e honrada como verdadeira Mãe de Deus (LG, 66). À primeira vista, pode parecer estranho atribuir a Deus uma mãe. Porém esse título foi conferido a Nossa Senhora desde os primeiros tempos do cristianismo, por uma razão simples: Jesus é o Filho de Deus feito homem, a Segunda Pessoa da Santíssima Trindade, que se encarnou. Logo, Jesus é Deus. Se Maria é mãe de Jesus é, portanto, igualmente Mãe de Deus. O Catecismo da Igreja Católica (n. 495) assim exprime:

> Aquele que ela concebeu do Espírito Santo como homem e que se tornou verdadeiramente seu Filho segundo a carne não é outro que o Filho eterno do Pai, a segunda Pessoa da Santíssima Trindade. A Igreja confessa que Maria é verdadeiramente Mãe de Deus.

Maria é também a mãe de todos nós, que somos membros do Corpo de Cristo. A ela devemos consagrar filial afeto (LG, 56).

Jesus foi concebido exclusivamente pelo poder do Espírito Santo, o que constitui uma obra divina que ultrapassa a compreensão humana (CIC, 496-497). O aprofundamento dessa verdade contida no Evangelho (cf. Mt 1,18) levou a Igreja a confessar a virgindade perpétua de

Maria, ou seja: antes, durante e depois do parto. A isso se objeta com frequência o fato de o evangelho de Marcos (3,31-35) referir-se aos "irmãos de Jesus". Entretanto estes não eram filhos de Nossa Senhora, e sim parentes próximos do Senhor que, conforme costume da época, eram designados "irmãos" por pertencerem à mesma família (CIC, 499-500).

O próprio Lutero, um dos principais líderes da Reforma Protestante do século XVI, afirmou em um de seus "artigos da doutrina cristã": "O Filho de Deus fez-se homem, de modo a ser concebido do Espírito Santo sem o concurso de varão e a nascer de Maria pura, santa e *sempre* virgem" (apud BETTENCOURT, s/d, p. 98 – grifo nosso). Portanto a virgindade perpétua de Maria, professada pela Igreja desde remotos tempos, não foi questionada nem mesmo pelos reformadores.

Por causa de tão grande missão, Nossa Senhora foi adornada de dons, sendo a criatura mais perfeita de Deus na ordem da graça (FORTEA, 2010). Ela é toda santa e imune de mancha de pecado. Maria foi remida de um modo mais sublime, por antecipação, em atenção aos méritos de Cristo. Foi também unida a Ele por um vínculo estreito e indissolúvel (LG, 53). Desde a concepção preservada do pecado original, pela graça de Deus, Maria permaneceu isenta também de pecado pessoal ao longo de toda a sua vida (CIC, 491-493).

A "imaculada conceição" é também um dogma da Igreja Católica. Significa que Maria, em momento algum de sua vida, conheceu a carência da graça santificante ou da filiação divina, carência que afeta todos os homens ao serem concebidos. Explica Bettencourt (s/d, p. 100):

> A razão pela qual o Senhor Deus quis outorgar tal privilégio a Maria se deriva da graça da maternidade divina: não convinha que aquela mulher chamada a ser tabernáculo do Altíssimo ou Mãe de Deus feito homem estivesse, por um momento sequer, sujeita ao domínio do pecado e de Satanás.

Terminado o curso de sua vida terrena, Maria foi assunta ao céu em corpo e alma, sendo também exaltada como Rainha do universo (LG, 59). A Assunção de Nossa Senhora "é uma participação singular na Ressurreição de seu Filho e uma antecipação da ressurreição dos outros cristãos" (CIC, 966). Aquela que, durante toda a sua vida, não esteve sujeita ao pecado, foi também isenta do domínio da morte, consequência desse mesmo pecado (cf. Rm 5,12). "Por isso ela não conheceu a deterioração da sepultura, mas foi glorificada não somente em sua alma, mas também em seu corpo" (BETTENCOURT, s/d, p. 101).

Por todas essas razões é que a Santíssima Virgem é especialmente honrada pela Igreja, invocada sob os títulos de advogada, auxiliadora, protetora e medianeira (LG, 61). O testemunho de obediência, fé e ardente caridade fez de Maria o modelo supereminente de discípula. Com sua multiforme intercessão, continua a alcançar-nos graças (LG, 62). Por isso a verdadeira devoção mariana "não consiste em uma emoção estéril e passageira, mas nasce da fé, que nos faz reconhecer a grandeza da Mãe de Deus e nos incita a amar filialmente nossa mãe e a imitar suas virtudes" (LG, 67).

Segundo o evangelho de São João, quando estava agonizando na cruz, Jesus olhou para o discípulo que amava e disse referindo-se a Maria: "Eis aí tua mãe" (Jo

19,27a). E, a partir daquele momento, o discípulo a levou para sua casa (cf. Jo 19,27b). Vemos, nesse episódio, mais alguém que hospeda Nossa Senhora, como também o fez aquele parente desconhecido de Belém. Além de aceitar a maternidade espiritual da Virgem, esse gesto significa que o acolhimento à Mãe de Jesus é vontade do Senhor, dele decorrendo graças incomensuráveis e alegria perfeita. Por isso todo católico espanta-se como Santa Isabel: "Donde me vem esta honra de vir a mim a mãe de meu Senhor?" (Lc 1,43).

3. Como rezar o Rosário

O Rosário é uma das orações mais antigas e tradicionais do cristianismo católico. Consiste na recitação do Credo, do Pai-nosso e da Ave-Maria enquanto se contempla os mistérios da vida de Cristo e de sua Mãe, desde a Encarnação até a glorificação de ambos no céu, junto ao Pai. No final, ainda se declama uma Salve-Rainha. O Rosário pode ser rezado tanto comunitária quanto individualmente, total ou parcialmente. Quando se reza parcialmente, chama-se "Terço". A expressão deriva do fato de que, antigamente, cinco mistérios correspondiam exatamente a 1/3 do Rosário.

A origem do Rosário tem a ver com a recitação dos Salmos, que era feita nos mosteiros e conventos medievais. Os leigos, que em sua maioria não sabiam ler, substituíam os 150 salmos por 150 orações do Pai-nosso ou da Ave-Maria. Com o passar do tempo, o Rosário foi assumindo a forma atual, sendo também introduzido o auxílio de uma corrente com contas. Os cristãos acreditam que essas orações constituem verdadeiramente uma "coroa de rosas" e que a cada Ave-Maria é entregue a Nossa Senhora uma unidade da "rainha das flores".

O Rosário é dividido em quatro grupos de cinco "mistérios" cada (Terço), nesta ordem: Gozosos, Dolorosos, Luminosos e Gloriosos. Para rezá-lo, basta seguir a sequência, conforme imagem a seguir:[21]

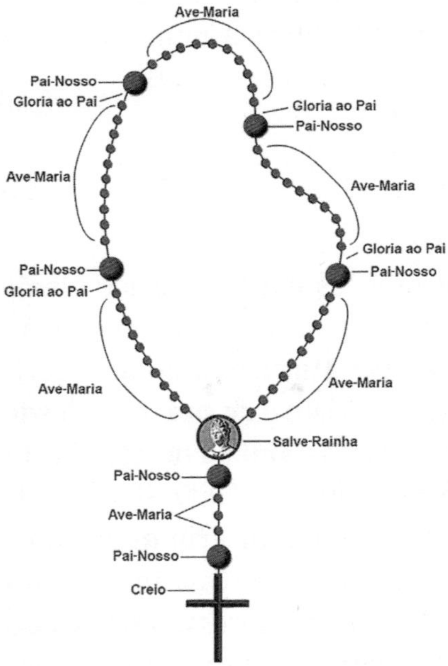

Inicia-se pelo Sinal da Cruz e, em seguida, rezam-se o Credo e o Pai-nosso. Depois, rezam-se as três primeiras Ave-Marias, da seguinte forma:

– O Anjo do Senhor anunciou a Maria, e ela concebeu do Espírito Santo *(Ave, Maria...)*.
– Eis aqui a serva do Senhor, faça-se em mim segundo a tua Palavra *(Ave, Maria...)*.
– E o Verbo Divino se fez carne e habitou entre nós *(Ave, Maria...)*.

Em cada "mistério", recitam-se um Pai-nosso e dez Ave-Marias, seguidos de um Glória ao Pai e da jaculatória: "Ó, meu Jesus, perdoai-nos e livrai-nos do fogo do

[21] Cf. ORAÇÃO do Santo Rosário. Disponível em: *https://www.rs21.com.br/o-santo-rosario*. Consulta em 03 de janeiro de 2022.

inferno, levai as almas todas para o céu e socorrei principalmente as que mais precisarem". Ao concluir as vinte dezenas (ou as cinco, caso se esteja rezando o Terço), declama-se a Salve-Rainha.

Nos "mistérios", contempla-se o seguinte:

Gozosos

1. Anunciação do Anjo Gabriel a Nossa Senhora.
2. Visitação de Nossa Senhora a Santa Isabel.
3. Nascimento de Jesus em Belém.
4. Apresentação do Menino Jesus no Templo e a purificação de Nossa Senhora.
5. A perda e o encontro do Menino Jesus no Templo, discutindo com os Doutores da Lei.

Dolorosos

1. Agonia de Jesus no horto da Oliveiras.
2. Prisão e flagelação de Jesus.
3. Jesus coroado de espinhos.
4. Jesus carregando a cruz para o calvário.
5. Crucifixão e morte na cruz.

Luminosos

1. Batismo de Jesus no Rio Jordão.
2. O primeiro milagre de Jesus nas bodas de Caná.
3. O anúncio do Reino de Deus e a chamada à conversão.
4. Transfiguração de Jesus.
5. Instituição da Eucaristia.

Gloriosos

1. Ressurreição de Jesus.
2. Ascensão de Jesus.

3. Vinda do Espírito Santo sobre Nossa Senhora e os Apóstolos.
4. Assunção de Nossa Senhora.
5. Coroação de Nossa Senhora como Rainha do Céu e da terra.

Caso se reze apenas o Terço, contemplam-se os mistérios de acordo com os dias da semana, a saber:[22]

DIAS	MISTÉRIOS
Domingos	Advento e Natal: Mistérios gozosos Quaresma e Domingo de Ramos: Mistérios dolorosos Páscoa e Tempo Comum: Mistérios gloriosos
Segundas-feiras	Os Mistérios gozosos
Terças-feiras	Os Mistérios dolorosos
Quartas-feiras	Os Mistérios gloriosos
Quintas-feiras	Os Mistérios luminosos
Sextas-feiras	Os Mistérios dolorosos
Sábados	Os Mistérios gozosos

Por fim, é importante dizer que, durante a oração do Rosário ou do Terço, podem ser colocadas intenções, recorrendo à intercessão de Nossa Senhora em favor de causas pessoais e comunitárias. Conforme afirma São João Paulo II (RVM, 7): "Numerosos sinais demonstram quanto a Virgem Maria queira, também hoje, precisamente por meio desta oração, exercer aquele cuidado maternal ao qual o Redentor, prestes a morrer, confiou, na pessoa do discípulo predileto, todos os filhos da Igreja".

[22] Cf. ROSÁRIO. Disponível em *https://pt.wikipedia.org/wiki/Rosario*. Consulta em 03 de janeiro de 2022.

AVE-MARIA

Ave, Maria, cheia de graça, o Senhor é convosco,
bendita sois vós entre as mulheres
e bendito é o fruto do vosso ventre, Jesus.
Santa Maria, Mãe de Deus, rogai por nós, pecadores,
agora e na hora de nossa morte. Amém.

SALVE-RAINHA

Salve, Rainha, Mãe de misericórdia,
vida, doçura e esperança nossa salve!
A vós bradamos os degredados filhos de Eva.
A vós suspiramos, gemendo e chorando neste vale de lágrimas.
Eia, pois, advogada nossa,
esses vossos olhos misericordiosos a nós volvei.
E, depois deste desterro, mostrai-nos Jesus,
bendito é o fruto do vosso ventre.
Ó clemente, ó piedosa, ó doce e sempre virgem Maria,
rogai por nós, Santa Mãe de Deus,
para que sejamos dignos das promessas de Cristo.
Amém.

IX

E foi fechada a porta

Quando da renovação de todas as coisas

"Enquanto elas iam comprá-lo, o esposo chegou; as que estavam [preparadas], entraram com ele na sala do festim nupcial, e foi fechada a porta." (Mt 25,10)

1. A vinda do Senhor está próxima

O trecho em epígrafe é retirado da chamada "parábola das dez virgens", uma história que Jesus contou para alertar os discípulos acerca de sua volta e da necessidade de estarem sempre preparados para tal. Aliás, todo o capítulo 25 do evangelho de São Mateus tem essa conotação, contendo ainda outra parábola de mesmo teor (chamada "dos talentos") e uma descrição de como será o juízo final. A expressão "e foi fechada a porta" exprime bem a realidade última, em que já não haverá mais tempo para a conversão e para a adesão a Cristo.

A vinda do Senhor é colocada na Bíblia como "próxima", o que não deve ser entendido em sentido cronológico, mas como algo que pode ocorrer a qualquer momento, requisitando dos cristãos um estado de alerta e uma prontidão moral e espiritual constante. Conforme adverte São Tiago (5,7-9):

> Tende paciência, meus irmãos, até a vinda do Senhor. Vede o lavrador: ele aguarda o precioso

> fruto da terra e tem paciência até receber a chuva do outono e a da primavera. (...) Fortalecei vossos corações porque a vinda do Senhor está próxima. (...) Eis que o juiz está à porta.

A carta de São Tiago é um dos livros mais incômodos da Bíblia. Por causa de suas asserções contundentes, notadamente quanto às advertências aos ricos e ao apelo às obras de conversão, chegou a ter questionada sua inspiração divina, não faltando quem quisesse excluí-la do cânon sagrado. Quando trata da volta de Jesus, o apóstolo "irmão do Senhor" (cf. Gl 1,19) não muda seu estilo penetrado pelo espírito do Sermão da Montanha (cf. Mt 5,1-7,29) e repleto de conselhos de virtude. Ele exorta os cristãos de sua época a terem paciência, evitando angustiar-se com uma eventual demora do Senhor e concentrando-se naquilo que é essencial: conservar o coração firme na fé.

Jesus voltará para julgar os vivos e os mortos. Essa é uma convicção da Igreja. Será:

> A hora em que todos os que repousam nos sepulcros ouvirão a voz e sairão; os que tiverem feito o bem, para uma ressurreição de vida; os que tiverem praticado o mal, para uma ressurreição de julgamento (Jo 5,28-29).

A atitude em relação ao próximo é que revelará o acolhimento ou a recusa da graça e do amor divino (cf. Mt 25,34-45).

Cristo virá em glória, e todos os anjos, com Ele. E serão reunidas em sua presença todas as nações. Diante dele será definitivamente desvendada a verdade sobre a relação de cada homem com Deus (CIC, 1038). Esse será o dia em que "Deus não calará" (Sl 49,3). Cristo separará os homens uns dos outros, como o pastor separa as ovelhas dos cabritos (cf. Mt 25,32). Uns irão para o castigo eterno, e outros, para a felicidade eterna. O Juízo Final há de revelar até as últimas consequências o que os homens tiverem feito de bem ou deixado de fazer durante sua vida terrestre. A justiça de Deus triunfará de todas as injustiças cometidas por suas criaturas, demonstrando que seu amor é mais forte do que a morte. Por meio de seu Filho, Jesus Cristo, o Pai pronunciará então sua palavra definitiva sobre toda a história. Conheceremos, então, o sentido último de toda a obra da criação e compreenderemos os caminhos admiráveis pelos quais sua providência terá conduzido tudo para seu fim último (CIC, 1039-1040).

Só o Pai conhece a hora e o dia desse Juízo, só Ele decide quando será o advento de Cristo (cf. Mt 24,36). Portanto a "proximidade" da volta de Jesus não deve ser motivo de especulação, mas um apelo à conversão. Os cristãos devem aproveitar o tempo favorável, o tempo da salvação (cf. 2Cor 6,2), buscando a santidade e aguardando com resignação e vigilância o momento em que a Igreja será consumada na glória celeste. Os fiéis de Cristo esperam ansiosamente os "céus novos e terra nova" (cf. 2Pd 3,13), ou seja, a renovação misteriosa da criação e a realização definitiva do projeto de Deus de reunir em Cristo todas as coisas (CIC, 1043).

A catequese sobre o Juízo Final deve inspirar o santo temor de Deus (CIC, 1041) e advertir para a diferença entre a anterior e a próxima vinda de Cristo. Pois, se quando esteve no mundo pela primeira vez Jesus foi julgado e sofreu (cf. Mt 27,11-31), ao retornar, ele virá como juiz e será glorificado (cf. Mt 24,30;25,31-46). A partir "daquele dia e daquela hora", nunca mais haverá morte, nem luto, nem clamor, nem dor (cf. Ap 21,4). Os que estiverem unidos a Cristo formarão a comunidade dos remidos, não mais ferida pelo pecado, pelas impurezas ou pelo amor-próprio (CIC, 1045). Quando Cristo "aparecer", a luz de Deus iluminará a cidade celeste e seu candelabro será o Cordeiro (cf. Ap 21,24). Então, toda a Igreja experimentará a suprema felicidade da caridade (LG, 51).

2. Vigiai, pois, porque não sabeis o Dia

Os primeiros cristãos enfatizavam bastante a volta de Jesus Cristo, chamada na catequese de "Parusia". Alguns até acreditavam que não veriam a morte antes que isso acontecesse (cf. 1Ts 4,16-17). Obviamente, com o passar do tempo, a percepção das comunidades foi se ampliando e amadurecendo, e elas constataram que maior importância deveria dar à vigilância: "Bem-aventurado aquele servo a quem seu senhor, em sua volta, encontrar procedendo assim" (Mt 24,46). Com efeito, antes da vitória final de Cristo há um duro combate a ser travado, que inclui perseguição e sofrimento impossível de ser atravessado sem a vigilância e o discernimento (TEB, p. 2305).

Jesus preveniu os discípulos quanto à possibilidade de serem surpreendidos: "Vigiai, pois, porque não sabeis o dia em que vosso Senhor virá. Vós bem sabeis: se o dono da casa soubesse a hora da noite em que o ladrão vai chegar, vigiaria e não deixaria arrombar a parede de sua casa" (Mt 24,42-44). Com essas palavras, o Senhor alertou para a necessidade de que todos os cristãos estejam preparados para sua volta, sendo isso mais importante do que a leitura dos acontecimentos que possam prenunciá-la. Pretensas profecias nesse sentido e, principalmente, especulações sobre o que demonstraria a iminência da parusia podem significar, no fundo, um "desvio de foco", deixando as pessoas medrosas e excessivamente preocupadas com coisas não essenciais, abandonando a vigilância e o empenho na santificação da vida.

O estado de vigilância é mais necessário ainda porque podemos nos encontrar com o Senhor antes de sua vinda, ou seja, por ocasião de nossa morte. A morte põe fim ao tempo que o homem tem para acolher a graça divina. Logo depois dela, acontece o "Juízo Particular", momento em que cada alma receberá a retribuição imediata em função de suas obras e de sua fé, em uma destas três possibilidades: felicidade celeste, purificação por meio do purgatório ou condenação ao inferno (CIC, 1021-1022). A morte manifesta o que o indivíduo acumulou em seu interior durante o tempo em que viveu nesta terra.

O Juízo Particular não deve ser visto como um tribunal em que Deus pesa em uma balança os pecados e os méritos das pessoas. Ele consiste:

> Em uma iluminação da alma por Deus, em consequência da qual a pessoa toma plena consciência do que foi realmente sua vida terrestre, do sentido e do valor que ela tem; torna-se-lhe claro tudo o que ela fez e omitiu, de bem e de mal, até os últimos pormenores; vê também sua posição diante de Deus (BETTENCOURT, s/d, p. 128).

Isso faz com que, de certo modo, a própria pessoa seja seu juiz. Os que morrem em estado de graça, de amizade com Deus e que estão totalmente purificados viverão para sempre com Cristo no céu. O céu é a comunhão perfeita com a Santíssima Trindade, com a Virgem Maria, os anjos e todos os bem-aventurados; é o estado de felicidade suprema e definitiva. A Escritura fala-nos dele por meio de imagens, entre as quais uma das mais significativas é a de um festim de casamento (CIC, 1023-1024.1027). São Paulo afirma: "O que os olhos não viram, os ouvidos não ouviram e o coração humano não percebeu, isso Deus preparou para aqueles que o amam" (1Cor 2,9).

No céu, a visão de Deus substituirá a fé (cf. 2Cor 5,6-8). Mas nem todos contemplarão o Senhor igualmente e, sim, de forma proporcional ao amor que dedicou a Deus e aos irmãos na vida presente. A vontade dos justos no céu será plenamente identificada com a vontade divina, trazendo gozo e felicidade. O regozijo dos bem-aventurados decorrerá também dos "bens da convivência", ou seja, do encontro e convívio com a Santíssima Virgem, os santos, familiares e amigos, reconhecendo-se mutuamente e se comunicando uns com os outros (BETTENCOURT, s/d).

As pessoas que morrem na graça e na amizade de Deus, mas não estão completamente expurgadas, são destinadas a uma purificação a fim de obterem a santidade necessária para entrarem no céu. A Igreja denomina essa purificação de "purgatório". As almas para aí destinadas têm sua salvação garantida, mas precisam ter as "manchas" de seus pecados completamente apagadas para que possam chegar à visão beatífica de Deus (CIC, 1030-1032). Isso porque todo pecado deixa resquícios na alma; mesmo perdoada, a pessoa pode não ter amor suficiente para extinguir esses resquícios durante sua peregrinação terrestre.

O purgatório não é uma miniatura do inferno nem uma "coluna do meio" no tocante ao destino final. "Trata-se de um estado no qual a criatura se arrepende por ter condescendido com a moleza e a indefinição; a alma toma consciência de que foi cercada pelo amor de Deus no decorrer de toda a sua vida e o ignorou ou esbanjou" (BETTENCOURT, s/d, p. 130). Obviamente, essa "amarga consciência" provoca sofrimento. Mas também há alegria no purgatório, decorrente da certeza de que o destino final será o céu.

O inferno, por sua vez, é o estado de exclusão definitiva da comunhão com Deus. Ela ocorre pela opção livre da criatura que morreu em pecado mortal sem ter se arrependido e sem acolher o amor misericordioso do Pai. Apoiada na Sagrada Escritura, a Igreja afirma a existência e a eternidade do inferno, sendo esse ensinamento um chamado à responsabilidade com a qual o homem deve usar de sua liberdade em vista de seu destino final (CIC, 1033.1035-1036).

Todo ser humano pode optar tanto pelo bem quanto pelo mal, a não ser que, por alguma razão, não esteja em condições de usar sua liberdade (inocência, loucura etc.). Deus respeita a opção negativa da criatura, sem necessidade de proferir uma sentença cruel. Entretanto essa escolha a condena a viver longe do Bem supremo e infinito. O inferno, portanto, inicia-se na terra com os pecados graves e se expande plena e eternamente logo após a morte. De qualquer modo, não temos como saber se alguém está ou não no estado infernal, pois só Deus vê com profundidade as intenções das pessoas, só Ele sabe se houve ou não arrependimento no momento do desenlace final (BETTENCOURT, s/d).

Conforme já dissemos, o destino de cada alma é resolvido logo após a morte, por ocasião do Juízo Particular. Então, para que serve o Juízo Final? Bettencourt (s/d, p. 142) explica que não é suficiente a tomada de consciência no foro privado: "Já que vivemos em comunhão de méritos e deméritos com nossos semelhantes, a reta ordem pede que no fim dos tempos seja revelado em que grau cada um é devedor a seu próximo". Em outras palavras: por um dever de justiça, Deus fará com que todos conheçam o valor das pessoas e das instituições, sua sinceridade, honestidade e verdade, coisas a respeito das quais o julgamento temporal é imperfeito.

Por fim, é necessário dizer que, conforme alerta o Magistério da Igreja (GS, 39), a expectativa pela renovação de todas as coisas não deve atenuar nos cristãos a solicitude pelo aprimoramento do mundo. Pelo contrário, deve impulsioná-la ainda mais, pois com a propagação dos valores do Reino Definitivo, esta terra já pode apresentar algum esboço do novo século.

3. O Espírito e a Esposa dizem: vem

O livro do Apocalipse é bastante marcado pela perspectiva da volta de Jesus. O último capítulo, em especial, ressalta a beleza e a dramaticidade desse momento que constitui a consumação da história. É o próprio Jesus que afirma: "Eis que venho em breve e minha recompensa estará comigo, para dar a cada um conforme suas obras. Eu sou o Alfa e Ômega, o Primeiro e o Último, o Princípio e o Fim" (Ap 22,12-13). E ainda: "Felizes aqueles que lavam suas vestes para ter direito à árvore da vida e poder entrar na cidade *pelas portas*" (Ap 22,14 – grifo nosso).

Esse mesmo capítulo põe em relevo a expectativa vigilante com a qual o povo de Deus precisa se revestir, mas não apenas isso, evidencia também a oração que todos os cristãos devem ter nos lábios: "Vem, Senhor Jesus!" A Igreja anseia – e até clama – pelo tempo em que "já não haverá mais noite, nem se precisará da luz da lâmpada ou do sol, porque o Senhor Deus a iluminará, e hão de reinar pelos séculos dos séculos" (Ap 22,5). Por causa disso, "o Espírito e a Esposa dizem: 'Vem!' Possa aquele que ouve dizer também: 'Vem!'" (Ap 22,17ab).

O termo aqui traduzido por "vem" é o mesmo usado por São Paulo em 1Cor 16,23: "Marana tá", expressão aramaica que significa, na verdade, "vinde, Senhor nosso", invocação que os primeiros cristãos usavam frequentemente na liturgia. Portanto, segundo o vidente apocalíptico, o Espírito Santo e a Esposa (que é a Igreja) dirigem-se a Jesus e exprimem o desejo pela Parusia. Em consequência, aqueles que ouvem a palavra de Deus devem igualmente ansiar e clamar para que aconteça o retorno glorioso do Senhor.

O modo como a Sagrada Escritura aborda essa realidade escatológica faz-nos concluir que a aspiração para a volta do Senhor não deve ser o resultado de um desgaste ou cansaço com a vida terrena, e sim uma decorrência natural da escuta do Evangelho. Muitas pessoas parecem se lembrar do triunfo final de Jesus somente quando não aguentam mais os sofrimentos e as bizarrices do mundo presente. Até parece que, se o mundo fosse promissor, não sentiriam a falta do Reino Definitivo. Ora, aquele que ouve a Palavra experimenta em seu íntimo a carência da plenitude do amor – mesmo que tudo vá bem – e, consequentemente, a vontade de ver a renovação de todas as coisas em Cristo.

Aliás, o senso comum – alimentado até certo ponto pela catequese – aprendeu a identificar a volta de Jesus com acontecimentos catastróficos. Não é difícil escutar alguém dizendo em tom suspirante: "É o fim do mundo", quando está diante de eventos absurdos ou problemáticos. Essa compreensão pode encontrar fundamento na Bíblia, ou pelo menos em uma determinada leitura dela. Todavia São Paulo parece colocar a questão doutro modo:

> A respeito da época e do momento, não há necessidade, irmãos, de que vos escrevamos. Pois vós mesmos sabeis muito bem que o dia do Senhor virá como um ladrão de noite. Quando os homens disserem: "Paz e segurança!", então repentinamente lhes sobrevirá a destruição, como as dores à mulher grávida. E não escaparão (1Ts 5,3).

Em um dos textos mais antigos do Novo Testamento, o apóstolo dos gentios ressalta o caráter surpreendente da vinda do Senhor, situando-a em um momento em que os homens diriam "paz e segurança", ou seja, em um tempo de provável tranquilidade social. Com efeito, o Catecismo da Igreja Católica (n. 675) deixa claro que, antes do advento de Cristo, será desvendado o "mistério da iniquidade", uma impostura religiosa "que há de trazer aos homens uma solução aparente a seus problemas à custa da apostasia da verdade". Esse "pseudomessianismo em que o homem glorifica a si mesmo em lugar de Deus" pode não ser exatamente calamitoso, pelo menos para a maioria da humanidade.

De qualquer modo, ignoramos tanto o tempo quanto a maneira de transformação do universo. Mais importante é entender que "passa certamente a figura deste mundo deformada pelo pecado" e que "Deus preparará uma nova morada e uma nova terra" (CIC, 1048). Importante também é saber donde provém o mais autêntico e verdadeiro anseio pela volta de Jesus: da escuta da Palavra. Ainda que esteja tudo bem conosco e com o mundo, o interior deve clamar: "Marana tá". Um cristão que não sente tal desejo, decorrente de sua própria condição de ouvinte da Palavra, deve se questionar se realmente acolheu o Evangelho ou, pelo menos, se está lhe prestando toda a atenção.

A espera de um cristão por Jesus chega a ser impaciente, porque seu coração não se encaixa neste mundo. Ela persiste após a morte, até que o Reino Definitivo seja instaurado. Também os bem-aventurados que estão no céu e as almas do purgatório aguardam a manifestação final do Filho de Deus. Nesse sentido, "morrer" não significa exatamente "descansar em paz". Isso só será completamente possível na Parusia, quando ocorrer a ressurreição propriamente dita, ou seja, a reunião da alma ao corpo de cada pessoa. O Catecismo da Igreja católica (n. 997.1001) esclarece essa questão:

> Na morte, que é separação da alma e do corpo, o corpo do homem cai na corrupção, ao passo que sua alma vai ao encontro de Deus, ficando à espera de ser novamente unida a seu corpo glorificado. Deus, em sua onipotência, restituirá definitivamente a vida incorruptível a nossos corpos, unindo-os às nossas almas, pela virtude da Ressurreição de Jesus. (...) Quando? Definitivamente "no último dia" (Jo 6,39-40.44-54); "no fim do mundo". Com efeito, a ressurreição dos mortos está intimamente associada à Parusia de Cristo.

Considerando que o ser humano é constituído de corpo, alma e espírito e que na morte há uma separação entre esses elementos, podemos afirmar que, mesmo no céu, existem apenas seres humanos incompletos, com exceção, é claro, de Jesus e Maria. Isso deve causar algum tipo de desconforto, pois se trata de uma incompletude. A ressurreição, por sua vez, provocará certamente uma alegria exultante. Por isso toda a Igreja (militante, triunfante e a que se purifica) clama pela vinda de seu Senhor.

O apóstolo João, em sua visão apocalíptica, descreve a Igreja glorificada como uma cidade: "Eu vi descer do céu, de junto de Deus, a Cidade Santa, a nova Jerusalém, como uma esposa ornada para seu esposo" (Ap 21,2). Essa Jerusalém celeste tem "grande e alta muralha com doze portas, guardadas por doze anjos" (Ap 21,12a). A descrição joanina prenuncia o futuro escatológico do Povo de Deus, sendo uma recorrência à metáfora das portas. No mundo vindouro, apesar de vigiadas, elas estarão sempre abertas (cf. Ap 21,25), pois por aí não entrará "nada de profano nem ninguém que pratique abominações e mentiras, mas unicamente aqueles cujos nomes estão inscritos no livro da vida do Cordeiro" (Ap 21,27).

OS SACRAMENTOS

A Igreja celebra o mistério de seu Senhor "até que Ele venha" e até que "Deus seja tudo em todos" (1Cor 11,26; 15,28). Nos sacramentos, ela já participa da Vida Eterna, embora ainda "aguarde a bendita esperança, a manifestação da glória de nosso grande Deus e Salvador, Cristo Jesus" (Tt 2,13). Enquanto sinais, os sacramentos prenunciam a glória futura da Igreja (CIC, 1130). São eles: o Batismo, a Confirmação ou Crisma, a Eucaristia, a Penitência, a Unção dos Enfermos, a Ordem, o Matrimônio.

Considerações finais

Quando escreveu aos Colossenses, o apóstolo Paulo recomendou que os membros daquela comunidade perseverassem na oração, com o fim de se manterem em vigilância e rendendo graças ao Senhor. Além disso, ele pediu que rezassem por ele e por seus companheiros, para que Deus lhes *abrisse uma porta*, isto é, providenciasse as circunstâncias adequadas ao anúncio do Evangelho (cf. Cl 4,2-3). Mesmo preso, Paulo continuou assumindo sua responsabilidade de evangelizador, dizendo: "Que eu o publique como cumpre que fale a seu respeito" (Cl 4,4).

Essa passagem – como outras das cartas paulinas – demonstra o quanto o apóstolo dos gentios dava importância à evangelização, chegando a encará-la como uma exigência interior: "Pois para mim anunciar o Evangelho não é motivo de orgulho, é uma necessidade que se me impõe: ai de mim se não anunciar o Evangelho!" (1Cor 9,16). Com base no testemunho paulino, podemos afirmar que é também um dever de cada cristão comunicar aos outros homens e às outras mulheres a obra de redenção que Cristo realizou (LG, 8).

É mais uma "porta" que Deus abre, deixando a cargo de todo discípulo aproveitar esse ensejo para difundir a fé segundo a própria medida, ou seja, conforme as oportunidades encontradas ou criadas e de acordo com os dons recebidos (LG, 17). Deus quer que todos os homens sejam salvos e cheguem ao conhecimento da verdade (cf. 1Tm 2,4). Por isso os cristãos – associados ou individualmente – devem ir ao encontro do anseio dos homens pela verdade, levando-lhes essa mesma verdade, em diálogo respeitoso com os que ainda não aceitam o Evangelho (CIC, 851.856).

Essa tarefa não é apenas dos sacerdotes e religiosos, mas de todo o povo de Deus. Os leigos também devem ser missionários, colaborando com as iniciativas institucionais da Igreja ou atuando como evangelizadores, eles mesmos, nas circunstâncias triviais de sua vida secular. Todos os fiéis têm o direito de fundar agregações com finalidades apostólicas e filantrópicas, em diálogo com as autoridades eclesiásticas. É importante reconhecer que essa liberdade associativa do laicato não deriva de uma espécie de "concessão" da hierarquia, mas promana do Batismo (CFL, 29).

Nosso Senhor espera que cumpramos seu mandato, fazendo da missionariedade uma causa pessoal e comunitária. Ele disse a seus discípulos: "Ide pelo mundo inteiro, proclamai o Evangelho a todas as criaturas" (Mc 16,15). E garantiu: "Eis que estou convosco, todos os dias, até a consumação dos tempos" (Mt 20,20b). Façamos desse encargo algo fundamental em nossa vida, não desanimando jamais, mesmo que enfrentemos eventuais fracassos. Sejamos como "sal da terra e luz do mundo", para que os homens, vendo nossas obras, glorifiquem o Pai, que está nos céus (cf. Mt 5,13-16). Não hesitemos em entrar pela porta que Deus nos abrir. Ou, neste caso, seria "sair"? Os primeiros discípulos de Jesus "saíram a pregar por toda parte"; e o Senhor "agia com eles e confirmava a palavra por meio dos sinais que a acompanhavam" (Mc 16,20).

Advento de 2021

Referências bibliográficas

A BÍBLIA de Jerusalém. Tradução do texto em língua portuguesa diretamente dos originais. São Paulo: Paulus, 2002.

ALEXANDER, David, ALEXANDER, Pat (Editores). *O mundo da Bíblia*. Tradução de José Raimundo Vidigal. São Paulo: Paulinas, 1985.

ALVES, Rubem. *O que é Religião?* São Paulo: Brasiliense, 1980.

________. *O enigma da Religião*. Petrópolis: Vozes, 1990.

AGOSTINI, Nilo. *Moral cristã*: temas para o dia a dia. 5 ed. Petrópolis: Vozes, 2010.

BENTO XVI. *Deus caritas est*. 8ª ed. São Paulo: Paulinas, 2007.

________. Angelus, 7 de março de 2010. Disponível em *www.vatican.va*. Consulta em 20 de janeiro de 2022.

BETTENCOURT, Estêvão Tavares. *Iniciação teológica*. Rio de Janeiro: Mater Ecclesiae, s/d.

________. *Teologia moral*. Rio de Janeiro: Mater Ecclesiae, s/d1.

________. *Curso de doutrina social da Igreja*. Rio de Janeiro: Matter Eclesiae, s/d2.

BÍBLIA Sagrada. Tradução dos originais mediante a versão dos monges de Maredsous (Bélgica). 58. ed. São Paulo: Ave Maria, 1987.

BÍBLIA Tradução Ecumênica. São Paulo: Loyola, 1994.

CANTALAMESSA, Raniero. *A poderosa unção do Espírito Santo*. 2 ed. Campinas (SP): Raboni, 1996.

CARTA a Diogneto. Os cristãos no mundo. In. *Liturgia das Horas*, v. II. Petrópolis: Vozes; São Paulo: Paulinas, Paulus, Ave Maria, 1995, p. 757-758.

CATECISMO da Igreja Católica. 3 ed. Petrópolis: Vozes, São Paulo: Paulinas, Loyola, Ave Maria, 1993.
CENCINI, Amedeo. *Viver reconciliados*: aspectos psicológicos. 7 ed. São Paulo: Paulinas, 1998.
COMISSÃO TEOLÓGICA INTERNACIONAL. *Algumas questões sobre a teologia da Redenção* (1995). Disponível em *www.vatican.va*. Consulta em 30 de novembro de 2021.
COMUNIDADE REMIDOS NO SENHOR. *Intimidade com Deus:* estudos bíblicos diários sobre vida de oração e dons efusos do Espírito Santo. Campina Grande (PB): Edições Remidos, s/d.
CONCÍLIO ECUMÊNICO VATICANO II. *Lumen gentium*: constituição dogmática sobre a Igreja. 9. ed. São Paulo: Paulinas, 1990.
________. *Dei Verbum*: constituição dogmática sobre a Revelação Divina. 19 ed. São Paulo: Paulinas, 1998.
________. *Gaudium et Spes*: constituição pastoral sobre a Igreja no mundo de hoje. 17 ed. São Paulo: Paulinas, 1998.
CONFERÊNCIA NACIONAL DOS BISPOS DO BRASIL. Nota sobre o momento nacional. 21 de abril de 2015. Disponível em *www.cnbb.org.br*. Consulta em 9 de dezembro de 2020.
DUCAY, Antonio. Um Deus que deixa acontecer? O mal e a dor. Disponível em *www.oposdei.org*. Consulta em 21 de janeiro de 2022.
EXAME de consciência segundo o papa Francisco. Disponível em *www.ihu.unisinos.br*. Consulta em 25 de fevereiro de 2021.
FAUS, Francisco. *A conquista das virtudes*. São Paulo: Cultor de Livros; Lorena: Cléofas, 2005.
FRANCISCO. *Laudato si'*: carta encíclica sobre o cuidado da casa comum. Disponível em *www.vatican.va*. Consulta em 5 de setembro de 2020.

FRANCISCO. *Gaudete et Exsultate*: Exortação Apostólica sobre o chamado à santidade no mundo atual. Cachoeira Paulista: Canção Nova, 2018.

FORTEA, José Antonio. *Summa Daemoniaca*: tratado de demonologia e manual de exorcistas. Tradução de Ana Paula Bertolini. São Paulo: Palavra e Prece, 2010.

IRMÃO JACKSON. *Lectio Divina*. Disponível em *www.irnovajerusalem.com.br*. Consulta em 27 de junho de 2012.

JOÃO PAULO II. *Redemptor Hominis*. São Paulo: Paulinas, 1979.

________. *O sentido cristão do sofrimento humano*. São Paulo: Paulinas, 1984.

________. *Solicitude Rei Socialis*. São Paulo: Paulinas, 1988, 100 p.

________. *Centesimus annus*: no centenário da Rerum Novarum. 5 ed. São Paulo: Loyola, 1996.

________. *Rosarium Virginis Mariae*: Carta Apostólica sobre o Rosário. São Paulo: Paulinas, 2002.

________. Laborem exercens: carta encíclica sobre o trabalho humano. Disponível em *www.vatican.va*. Consulta em 12 de março de 2021.

JOÃO XXIII. *Mater et Magistra*: sobre a evolução da questão social à luz da doutrina cristã. 9. ed. São Paulo: Paulinas, 1962, 87 p.

LEÃO XIII. *Rerum Novarum*: sobre a condição dos operários. 9. ed. São Paulo: Paulinas, 1965, 61 p.

MARTELLI, Stefano. *A religião da sociedade pós-moderna*: entre secularização e dessecularização. Trad. Euclides Martins Balancin. São Paulo: Paulinas, 1995.

ORAÇÃO do Santo Rosário. Disponível em *https://www.rs21.com.br/o-santo-rosario/*. Consulta em 3 de janeiro de 2022.

PAPA Francisco propõe estas perguntas para um bom exame de consciência. Disponível em *www.acidigital.com*. Consulta em 25 de fevereiro de 2021.

PAULO VI. *Populorum progressio*: carta encíclica sobre o desenvolvimento dos povos. 14 ed. São Paulo: Paulinas, 1998.

PAZZINATO, Alceu Luiz. SENISE, Maria H. Valente. *História Moderna e Contemporânea*. 3. ed. São Paulo: Ática, 1993.

PONTIFÍCIO CONSELHO "JUSTIÇA E PAZ". Compêndio da doutrina social da Igreja. Disponível em *www.pastoralis.com.br*. Consulta em 13 de setembro de 2020.

PROVÍNCIA ECLESIÁSTICA DE ALAGOAS. *O caminho*: síntese da doutrina cristã para adultos. 9 ed. São Paulo: Loyola, s/d.

RAMALHETE, Carlos. *Doutrina social da Igreja*: uma introdução. São Paulo: Quadrante, 2017.

ROSÁRIO. Disponível em *https://pt.wikipedia.org/wiki/Rosario*. Consulta em 3 de janeiro de 2022.

SÃO LEÃO MAGNO. Permanece o que Cristo instituiu na pessoa de Pedro. In. *Liturgia das Horas*, v. I. São Paulo: Ave Maria, Paulinas, Paulus. Petrópolis: Vozes, 1995, p. 1246-1247.

SANTO EFRÉM. A cruz de Cristo, salvação para o gênero humano. In. *Liturgia das Horas*, v. II. São Paulo: Ave Maria, Paulinas, Paulus. Petrópolis: Vozes, 1995, p. 662-664.

SARNA, Nahum M. *The JPS Torah Commentary*: Exodus. Filadélfia (EUA): JPS, 2003.

SOUSA, Ronaldo José de. *Ide às encruzilhadas*: doutrina social, Renovação Carismática e opção pelos pobres. Aparecida (SP): Santuário, 2003. (Coleção RCC Novo Milênio, 9).

SOUSA, Ronaldo José de. *Pregador ousado*: novos elementos para a formação de pregadores. Aparecida: Santuário, 2005. (RCC Novo Milênio, 25).

________. *O discípulo amado*: autoconhecimento a partir da experiência de Deus. Aparecida (SP): Santuário, 2009.

_____. *Pregador orante*: lectio divina a serviço da pregação. Aparecida (SP): Santuário, 2013.

________. *Discernimento de estado de vida nas novas comunidades*. Aparecida (SP): Santuário, 2016.

________. *Fogo sobre a terra*: reavivando a chama no movimento carismático. Edição revista e atualizada. São José dos Campos: ComDeus, 2021.

UM GUIA útil para seu exame de consciência e confissão. Disponível em *www.aleteia.org*. Consulta em 25 de fevereiro de 2021.

VOST, Kevin. *Os sete pecados capitais*: um guia tomista para derrotar o vício e o pecado. Campinas (SP): Eclesiae, 2019.

Este livro foi composto com as famílias tipográficas Christiana e Acuta
e impresso em papel Book Ivory 65g/m² pela **Gráfica Santuário**.